子どもを伸ばす毎日のルール ⑤

まえがき

その人に会うと心がすがすがしくなるような人がいます。きちんとしているのに、温かくて、たたずまいに雰囲気があって、笑顔がすてきで、よく気がついて……。頭がいいとか美人だとかいったわかりやすい長所とは関係なく、魅力のある人がいるものです。

そういう魅力とは、どこから備わるのでしょうか。

私は、そういう人に会ったときに、昔風に言うと「ああ、育ちのいい人なんだなあ」と思います。

「育ち」とは、裕福な家に育ったとか、いい家柄の家に育った、という意味では、もちろんありません。きっと、お父さんとお母さんもきちんとした人で、愛情をかけて育てられたんだろう、そして、厳しくしつけられたんだろう、という意味です。

いまどき、「育ち」なんて言う人はあまりいないかもしれません。でも、私は、人としての基礎を作るのは、やはり「育ち」――つまり、家庭での育てられ方である、と思うのです。

家できちんとふるまうように育てられた人は、社会でのふるまいもおのずと身についている。家で家族に思いやりをもって動けるようにしつけられた人は、外で他人に対しても思いやりをもって動くことが身についている。

家でだらしなくしていたり、自分の好き勝手にふるまっていると、大人になって外に出たときに、ぼろが出てしまう。

かなしいかな、大人になってからでは遅いことはたくさんある。学校にはできないこともある。それをちゃんとわかっていて、幼いうちにしっかりと仕込んでくれる親に育てられた子どもは、幸せです。

ただ、私たちは、ある意味で不幸な時代に生きています。戦後の大きな価値転換の波にもまれて、私たちの親世代はどういう「家庭でのルール」がいいのか、混乱していました。その後もずっと、あいまいなまま、わからないまま、私たちは育ち、そして今度は子どもを育てなければならなくなっています。それなのに、情報だけはたくさんある。

よほど信念のある人でなければ、子どもに「こうしなさい」と自信をもって教えにくい時代です。

でも、「家庭で子どもに教えておくべきルール」とは、そんなにむずかしい理屈のあることではないはずです。ごくまともな、あたりまえなこと。だけど、身につくまでに時間のかかること。だから、親が子どもに毎日の生活のなかで繰り返し教えていかなければならないこと。

この本は、かつて家庭であたりまえのこととして教えられていたこと、そしていまの時代でもあたりまえに身についていてほしいことを100取り上げました。

1章、2章は子どもたちに向けての章です。お父さんお母さんが子どもに言うときに、こういうふうに伝えたらどうだろうか、という参考にしていただけると幸いです。3章は親に向けての章です。子どもと接するときの親としてのふるまいを提案しています。

日々、たいへんな子育てをしているあなたが、この本をごらんになって、少しでも自信をもって子どもを育てる助けになると幸いです。

目次

子どもを伸ばす毎日のルール

はじめに

1章 家庭での毎日のルール50

2章 家の外での毎日のルール25

3章 おとうさん、おかあさんへ25のこと

1章

家庭での毎日のルール50

「家だからきちんとしなくていい」ではなく「家でこそきちんとする」

１章では、家庭での「毎日のルール」を50、取りあげました。タイトルをごらんになると、どれも細かいことばかりだと思うかもしれません。子どもが自分でものごとを考えられる大人になれば、自然にできるようになることではないか、と疑問に思われるかもしれません。

それでも、これらのあたりまえの細かいことを子どもの身につくまで教えるのは、家庭の役目なのだと思います。

家庭とは、「くつろぎの場」と考えられています。もちろん、家ではだれにきがねもなく自分らしく、くつろぎたいもの。ただ、子どもにとっては、家族とともに楽しく過ごし、家でしかできないこと——食事をしたりお風呂に入ったり勉強したりお手伝いしたりするための場であることのほうが、大事なのではないでしょうか。

それらのことを通して、子どもは一人前の大人となるべく、人との付き合いかたや毎日のさまざまなことの仕方を身につけるのです。つまり、家庭とは社会生活の基本を教えるところ、ということです。

ていねいに物を扱う。静かに動く。挨拶をする。あとに使う人のことを考えて使う。人が困っていたら手助けする。そういうなんでもない日常のことに、いちいち考えなくても気がつき、身体が動く。

家できちんとふるまうように教えられた子どもは、そういうふるまいが身につきます。そして、家で自然にきちんとできる子は、学校でもおのずときちんとふるまえる。もちろん、学校だけでなく電車の中でも、デパートやスーパーでも――つまり、社会に出たときも、きちんとふるまえるでしょう。「身につく」とは、そういうことなのです。

とはいえ、子どもはなかなかできるようになってくれません。親だって人間だから、うんざりしてくることもあるでしょう。

どうぞ、おとうさん、おかあさん、がんばって。

子どもにどう語りかければいいか、困ったら、右側のページを読んで聞かせてあげてください。子ども自身でも読めるように、やさしい言葉で書き、なるべくひらがなを使うようにしました。子どもに説明するためでなく、親が自分の考えを整理し、自信をもてるように。と願いながら書きました。

左側のページは、おとうさんおかあさんへのメッセージです。子どもは理屈ではなく、親のゆるぎのない態度や真剣な口調によって、納得するはずです。

親から教えられる細かいことが、いずれ子どもが大人になったとき、ものごとを自分の力で判断し、行動していくための「軸」となるのだと思います。

1

なにかしてもらったら、その場で「ありがとう」と言う

人になにかしてもらったら、大きな声で「ありがとう」といってね。「ありがとう」って、ほんとうにいいことば。「ありがとう」っていわれると、それだけでうれしいものだよ。それに、いったあなたも、気分がいいでしょう? おかあさんは、元気よく「ありがとう」というあなたをみると、とってもほこらしいきもちになる。

✳条件反射で言えるように

なにか人にしてもらったら「ありがとう」と言う、などというルールは、子どもでもよく知っていることです。けれども、知っていても口に出すのはむずかしいのが挨拶です。だからこそ、子どものうちに条件反射で言えるようにしつけたいもの。

なにかしてもらったら、子どもにその場で「ありがとう」と言わせましょう。考えていると言えなくなるから、反射にしてしまうのです。相手が他人であっても、家族であっても、先生であっても、あかちゃんであっても、相手をちゃんと見て「ありがとう」と言わせるようにしてみてください。大人でもそうですが、はっきり大きな声で言うほうが、かえって恥ずかしさをのりこえられるようです。

最初は「ありがとうは？」と促されなければ言えなくても、何度も口にするうちに、必ず自然に言えるようになります。恥ずかしくて相手の顔を見られなくても、「おとうさんを見て言いなさい」と言い聞かせているうちに、相手を見られるようになります。

家族がお互いに自然に「ありがとう」と言っている家庭の子どもは、きっと外でも自然に「ありがとう」と言える子になるでしょう。

2

なにかしてしまったら、その場で「ごめんなさい」と言う

「ごめんなさい」って、なかなかいえないよね。おとなだって、うまくいえないものなんだ。でも、なにか失敗したり、いたずらがみつかったりしたときに、その場で「ごめんなさい」といってしまうのが、いちばんらくだよ。その場でいいそびれると心にいやなかたまりができてしまって、いつまでもとれなくなってしまう。「あっ」と思ったそのときに、「ごめんなさい」といってごらん。

理由はあと、謝るのが先

「ありがとう」という言葉は言えずに終わっても、それですむかもしれません。でも、「ごめんなさい」はその場で言いそびれると、どんどん言いにくくなって、胸の中でしこりになってしまいます。本人や相手の心の負担になるだけではありません。その結果、その場ですむ話が重大な問題になってしまう場合だってあるでしょう。アメリカ型の訴訟社会では、「すみません」と謝ると自分の非を認めたことになるから謝ってはだめだ、という「常識」もあります。けれども、そういう社会だからこそでしょう、日常ではちょっとしたことでも「excuse me（すみません）」「sorry（ごめんね）」と口に出す習慣があるようです。

自分の心が「悪いことをした」と告げているならば、素直に謝るのがなによりです。子どもは、謝る前に「だって」と理由を説明しようとします。でも、理由はあと、謝るのが先。どんな理由があれ、コップを割った、けがをさせた、頼みごとを忘れた、といった事実は事実なのですから、その事実について「ごめんなさい」と言うべきです。「ありがとう」と同じく、条件反射で言えるとよいと思います。そのあとで、子どもが説明したいなら、あるいはあなたが事情を聞いてやりたいなら、ゆっくり話をさせればいいではありませんか。

3

よばれたら、すぐに「はい」と返事をする

あなたをよんだときに「はい」って答えてくれると、わたしの声がきちんときこえたんだなってうれしくなる。なにかたのんだときに「はい」って答えてくれると、ちゃんとわかってくれたんだなって安心する。でも、すぐに「はい」ってきこえないと、きこえないのかな、お手伝いするのがいやなのかなって思ってしまう。だから、よばれたらすぐに、大きく「はい」と返事をしてね。

✿相手に届いてこそ意味がある

会話、つまりコミュニケーションとは、一方通行ではありません。お互いに言いたいことだけ言いあっているのは、会話ではなく自己主張です。言葉を送って、受けとる。受けとってまた送り返す。このやりとりをじょうずにできるのが、コミュニケーションの能力が高い人でしょう。その第一歩が「はい」という返事ができるかどうかだと思います。

自分だけが「聞こえた」「わかった」で終わるのではなく、相手に「はい」と返事をして、「聞こえたよ」「わかったよ」と伝える。病院の待合室で呼ばれたとき黙って席を立つだけの人を見かけますが、呼んでいる看護師さんに「ここにいます」ということが伝わりません。また、返事とは、相手に届いてはじめて返事をした意味があるものです。小さな声で「はあい」と言っても、聞こえなければしょうがない。めんどうくさそうに「うん」と返事をしても、それでは「いやだよ」と伝えていることになってしまいます。

子どもが気持ちのいい「はい」という返事をしたら、「いい返事ね」とほめてあげましょう。「あなたの返事を聞くと、とっても気持ちがいいわ」と。

いい返事は本人も相手も、気持ちよくしてくれる力があります。

4

出かけるときは「いってきます」、帰ってきたら「ただいま」と言う

でかけるときには、家族のみんなとしばしのおわかれ。「元気ですごすから心配しないでね」という気持ちをこめて「いってきます」と伝えるんだ。かえってきたら、みんながまっていたんだもの、「きょうも外でたのしかったよ」という気持ちをこめて「ただいま」といってね。元気な「ただいま」をきくと、おかあさんは「きょうもいい一日だったんだな」って安心するんだ。

✳「私の居場所」という自覚のために

「いってきます」と出かけ「ただいま」と帰ってこられる家がある幸せ、「いってらっしゃい」と見送り「お帰りなさい」と出迎えてくれる家族のいる幸せ。これは、人として生きるうえでの根源的な幸福ではないでしょうか。

この広い世の中で、小さな「私」はたくさんの人にまぎれて「私の居場所はどこにあるんだろう」と不安になることもあります。学校や会社、行きつけのお店では、もしかしたら「私」はいなくてもいいのかもしれない。

でも、「いってきます」とあとにする家があり、「ただいま」と帰る家があれば、その不安は安心に変わります。「いってらっしゃい。早く帰ってきてね」と送り出してくれる家族があり、「お帰りなさい。今日は楽しかった?」と迎えてくれる家族があれば、「私は必要とされている」と心が落ち着きます。

子どもが外出するときに親が声をかけるだけでなく、親が外出するときにも子どもが「いってらっしゃい」「お帰りなさい」と言うのがいいですね。ふしぎなことに、そう声をかけるだけで、お互いにほんとうに相手のことを心にかけ、待っている気持ちになってくるものです。

5

食事のときは「いただきます」「ごちそうさま」と言う

食事がおいしくなるのは、なぜだろう。それは、料理する人が、食べる人のことを思って「おいしいってよろこんでもらおう」と心をこめて作るから。だから、おいしい食事は、からだの栄養になるだけでなく、こころの栄養にもなるんだ。食べるときには料理を作ってくれた人、それにおいしい野菜やお米やハムを作ってくれた人に「ありがとう」というつもりで「いただきます」といおう。

いっしょにいただく幸せ

食材の多くが捨てられ、ものあまりと言われる世の中ですが、やはり身を養う食べ物は感謝していただくのが自然なことだと思います。昔は、「米1粒のなかに神さまが7人いらっしゃる。だから1粒でも残してはいけない」などとしつけられたものでした。いまの世の中では、なかなか「ありがたい」という実感はもちにくいけれど、食事のときに「いただきます」、終わったら「ごちそうさま」と言うだけで、「おいしい食事を食べられて、幸せだな」という感覚が身につくのではないでしょうか。

手料理でなく買ってきたお総菜でも同じです。みんなでそろって食卓について「いただきます」と言い、おかあさんが「召し上がれ」「はい、どうぞ」と言うことで、「みんなで食事をいっしょに食べる楽しい時間がもてて、うれしいな」と心のどこかで感じるでしょう。

最近は家族がそろって「いただきます」「ごちそうさま」と言うのがふつうになってきているようですが、おとうさんであれおかあさんであれ、料理した人が「召し上がれ」「はい、どうぞ」、「お粗末さま」「はい」などと返事をするのも、私は好きです。「いっしょけんめい作ったのよ。残さずおいしく食べてね」という気持ちをこめて「召し上がれ」と言ってみませんか。

6

おいしかったら「おいしい」と言う

ごはんを食べるとき、おいしかったら「おいしい」といってくれると、おかあさんはわくわくするくらいうれしい。みんなによろこんでほしくて、いっしょけんめいに作ったんだもの。だから、すきじゃないおかずだったり、味つけに失敗してあんまりおいしくなくても「おいしくない」とか「まずい」とか、いわないでね。だまっていれば、「おいしくなかったのかな」とわかるから。

✿論評ではなく感謝の言葉として

街にはおいしい料理や有名レストランがたくさんあって、あれこれと試してみるのは楽しいことです。有名料亭のお弁当、さすがにおいしいね。とくに煮物は、だしの味が利いているね。あのレストラン、友だちはよかったと言っていたのに、私はべつにふつうだと思ったわ。それに、ちょっと塩が強すぎない？　そんな食べ物談義もまた、食の一部になっています。

とはいえ、グルメと家庭の食事は別物です。家庭では、料理の味見が目的なのではなく、身を養うおいしい食事を囲んで、家族が楽しい時間をもつことが目的。あれこれ料理を「論評」するのは、みっともないこと。

論評ではなく「おいしい」という心からの言葉こそ、食事を用意する人にとっての最大のごほうびです。子どもには「おいしいかったら『おいしい』って言ってね」と伝えましょう。

もし、子どもが「きょうのおみそ汁、味が濃すぎるよ」とか「このハンバーグ、焼きすぎじゃない？」とかの「論評」をはじめたら――ましてや「おいしくない。いらない」などと言い出したら、「そういうことを言うものじゃありません」「おいしくないなら、黙って食べなさい」といさめるべきです。「作ってくれた人に失礼」という理由は、子どもでもわかります。

7

食事の最中にテレビを見ない

せっかくみんなでいっしょにごはんを食べているんだから、食事のあいだはテレビをみるのはやめようよ。あなたがテレビばかりみていると、まるでおかあさんは自分がそこにいない人間になったきがしてしまう。ちゃんとこっちをみてほしい。

食事中にあなたに電話がかかってきても「あとでかけなおすね」と伝えてね。食卓においてけぼりにされると、みんな、つまらないから。

✳いっしょに食べる人を尊重する

言うまでもなく、食事とは、ただ料理を食べる時間なのではありません。おもてなしのときに必ずお菓子や食事を用意していっしょに食べるように、恋人同士が食事をいっしょにするように、食をともにするのは人と人とのコミュニケーションの時間です。きっと、「食べる」ことで心がほぐれて、人と人との心の距離が縮まるのでしょう。

食事の時間は、1回たかだか30分か1時間。そのあいだくらい、同席しているお互いのために時間を確保しませんか。

テレビを見ない。電話が鳴っても出ない。あるいは「食事中だから、かけなおすね」と相手に伝えるようにする。

なにしろ、テレビはおもしろいものです。ついているとどうしても見てしまう魅力があります。つけておいて「見るな」というのは、無理でしょう。だから、「テレビを見ないで」と言う前に、「食事中はテレビを消す」というルールを家庭で作っておくとよいのではないでしょうか。子どもが「見たい番組がある」と言っても、「決まり（ルール）だから食事中はだめ」ときっぱり伝えればよいのです。

8

おふろやトイレは出るときにチェックする

おふろをでるときは、バスタブにかみの毛がういていないかみてからでなさい。シャンプーのふたがあけっぱなしじゃないか、排水口にかみの毛やはがしたばんそうこうがくっついていないかも、ちゃんとみて。トイレをすませたら、ふりかえってよごれていないか確認しなさい。さわるのがいやなのかな。でも、人がつけたよごれは、もっと気持ち悪いよ。あとに使う人のことを、考えて。

あとに使う人のことを考えられるように

ものを使ったら、お片づけをしてあと始末するのは子どもでも知っています。ところが、もののお片づけならできても、自分のつけた汚れには気がいかないことがよくあります。自分の髪の毛や自分で出したゴミは汚く感じないものだからかもしれません。

でも、公共の場でだれでも経験しているでしょうが、人が残した汚れはじっさい以上に不潔に感じるもの。コーヒーのしみのある椅子には、だれだって座りたくない。髪の毛の散らばった洗面台で手を洗うのは、気持ち悪い。汚れを残した人には、そんなに悪気はないのでしょう。ただ気がつかないだけ。気がつくか、つかないか。その分かれ目は家庭での習慣にあるように思います。子どものうちから、自分が使ったあとは一度振り返って点検する習慣をつけさせて。

子どもが小学生になって、身のまわりのことがほとんど全部自分でできるようになったころから、あと始末についてのレッスンを始めましょう。人が気持ちよく使えるようにすることで、自分もその場を気持ちよく使えるようになるのです。

でも、最初から完璧を求めるのは、子どもにとって負担が大きすぎます。トイレの汚れに3回気づいたら、そのうち1回は自分で始末させる程度から始めませんか。

9

脱いだ靴はそろえておく

「ただいま！」ってかえってきて、家の中にとんで入ってきたんだね。あなたがぬいだくつを見ると、つま先が家のなかをむいてぬぎすててある。まるで「進行方向はコチラ」って矢印がついているみたい。元気なのはけっこうだけど、玄関はほかにも使う人がたくさんいる。お客さまや宅配便のおにいさんがきたときに、くつがぬぎちらかしてあると、はずかしいよ。

✿玄関はその家の顔だから

昔から「帰心矢の如し」と言いますが、家に帰ってくると早く中に入っておやつを食べたり、テレビを見たり、おかあさんにきょうあったことの報告をしたりしたいのでしょう。子どもの靴は勢いよく脱ぎ散らかしてあって、それはそれでほほえましい光景です。

とはいえ、それが習慣になってしまってはたいへん。やはり、きちんとそろえて脱いである靴は見よいもの。逆に、脱ぎっぱなしの靴は理屈ぬきでみっともない感じがします。しかも、4人家族なのに玄関に10足も靴が出ていて、それぞれがてんでばらばらな方向を向いていたら、ちょっとだらしない。

玄関は家の顔です。飾りたてる必要はないし、広々としている必要もないけれど、いつもきちんと整えてあって、しかも掃除もいきとどいていると、家全体がきちんとしているような印象を受けるものです。日常生活で、しょっちゅう使う玄関をきれいにしておくのはとてもたいへん。おかあさん一人の役目ではなく、使う人がそのつど気にするようにしたほうがよいのではないでしょうか。

そもそも、学校やよその家ではできることなのです。家でだけ、できないはずはありません。

10

ものを手渡すときはなげださない

「ちょっと新聞とって」とたのまれたら、手から手に手わたすか、テーブルの上にそっとおくほうがいいね。ばさっとなげだすと、なんだかおこっているようにみえてしまうよ。おかあさんだったら、「ありがとう」というよりも「めんどうくさいなら、もうたのまない」と文句をいいたくなってしまうかもしれない。せっかくとってあげるんだから、うけとりやすくわたしてね。

✳ものの手渡しかたひとつで印象が変わる

家族のあいだでは、日常、いろいろな「取ってちょうだい」があります。手近にある物を代わりに取ってあげる。手が離せない人の代わりに取ってあげる。それらはごくささやかなことではありますが、あらゆる「頼みごと」「頼まれごと」の基礎となるものではないでしょうか。私たちは、すべてを自力でできるわけではありません。じょうずに頼み頼まれ、迷惑をかけたりかけられたりしながら、世の中の一員として暮らすほうが幸せに生きていけるはずです。だから、頼まれたら気持ちよく応える、頼むときには相手が気持ちよく応えられるように配慮する。そんな訓練は、家庭のささやかなことから身につくのでしょう。

同じ新聞の渡しかたでも、「はい、どうぞ」と手にのせてあげる。お茶を入れてあげたら、どん！　と置かずに静かに置く。食事中に「お醤油を取ってちょうだい」と頼まれて、近くにある醤油注《さ》しを取ってあげるとき、相手が取りやすいように右手の近くに置いてあげる。

頼みごとは、頼まれるほうが優位に立ち、頼むほうが遠慮するものだからこそ、なおさら頼まれたからには相手が気持ちよく受けとれるように、と心くばりのできる子になってほしいものです。

11

「麦茶！」ではなく「麦茶ください」と頼む

あなたに「麦茶！」っていわれると、気軽につかわれている気がして、おかあさんはかなしい。麦茶をとってほしいなら、「麦茶ください」っていってってね。よろこんでとってあげる。人にものをたのむときには、それなりのいいかたがある。まして、子どものあなたが大人にものをたのむなら、ていねいなことばづかいをするのが当然よ。たとえ相手がおとうさん、おかあさんであってもね。

子どもには目上の人に向けて使うべき言葉がある

親子であっても言葉づかいはきちんとしているほうがいいと思います。なにも日常、「です・ます」で話す必要はありませんが、きたない言葉は使わない、大きな声でどならない、ものを頼むときはていねいに言うなど、ちょっとした気遣いはあってもいいのではないでしょうか。まさに「親しき仲にも礼儀あり」です。

親が子どもにものを頼むときにも、「新聞！」と名詞だけで命令するのではなく、「新聞、取ってきてくれ」くらいには言いたいもの。昔のモーレッサラリーマンではないのですから、「メシ、フロ、ネル」では家族であっても心が離れてしまいます。

そして、子どもが親にものを頼むときは、親は親、目上なのですから、きちんとした言いかたをさせましょう。「麦茶！」「パジャマ！」などは問題外です。「麦茶がどうしたの」と問い返してみてはいかがでしょう。「はさみ取って」でもいいけれど、「はさみ、ちょうだい」、できれば「はさみ、取ってください」とていねいに言えるといいですね。

大人になって、タクシーに乗って「渋谷！」と命じたり、喫茶店で「コーヒー！」と言いつけたりする恥ずかしい大人にならずにすむためにも、子どものうちが勝負です。

12 うそはつかない

うそって、口からついぽろっとでてきてしまうんだよね。本当のことをいうとしかられるから、ついべつのことをいっちゃうんだね。でも、人にはうそだとわからなくても、自分にはかくせない。ひとつうそをつくと、どんどんうそをつかなきゃいけなくなる。それは苦しいよ。本当のことをいう勇気をもってね。「うそつき」になるよりもしかられるほうが、ずっとましだよ。

✿うそは早めに訂正したほうがいい

最初からうそをつくつもりでうそをつく人はあまりいないのではないでしょうか。事実が言いにくいからうそが出てしまう。ましてや、子どものうそには罪がないことが多いものです。親に叱られるのがいやでうそをつくケース。たとえば「このカード、どうしたの」「〇〇くんがくれた」と小さな声で言う。よく聞くと、〇〇くんの家から持って帰ってきてしまった、とわかるのはままあることです。また、「僕、宇宙人を見たことがある」などと、強がったり目立ちたかったりする気持ちがうそを言わせることもあるようです。うそが悪いことは当然です。子どもだってわかっています。だからこそ、親の目にはお見通しでも、はずみでついたうそを責めたてては子どもはつらいだけ。大人のようにうまく言い逃れができなくて、親に追い詰められることになってしまいます。

子どものなかには大人よりもずっと正直さへの衝動があり、うそをつくことへのおののきもあるように見えます。うそだとわかったら、おだやかに「ほんとうは違うんじゃないの？」と問いかけてやりましょう。そして、自分で説明させて。感情的に叱らずに、「うそはよくないと思う」という親のきっぱりとした姿勢を見せるのがよいと思います。

13 親に言われたことはすぐする

おかあさんがあなたに「○○しなさい」っていうときは、それなりに理由がある。たのみごとをするときも、あなたの手をかりたいからたのんでいるの。だから、いわれたことはすぐしてね。すぐに「はい」っていって動くあなたをみるのは、とてもすがすがしい。でも、「あとで」とか「なんで」とかいっていると、だれもあなたのことを思ったり、たよりにしたりしなくなるよ。

✱すぐにからだを動かせる子に

なにかしなければならないことに対してさっと動けるのは、たいせつな能力です。家庭や学校ではなんとかすんでいても、仕事の場では仕事の能力さえも疑われかねません。友人関係でも「あいつはあてにならない」などと烙印《らくいん》を押されるはめになるかもしれません。

子どものときに、家庭で親に言われたことをさっと立ってすぐする習慣が、身が軽く、なんでも気持ちよくこなすことのできる能力を身につけさせるのではないでしょうか。

親としては、子ども相手にくどくどと理由を説明することはありません。親が「しなさい」と言う以上、子どもはすぐにするべき。それでいいのではないでしょうか。

できれば、親の側も、子どもに「本、読んで」などと言われたときに「あとで」「明日ね」などと条件反射で先のばしするのは、さけたいもの。もちろん、時と場合によりますが、めんどうくさいから先のばしすると、子どもにだってわかります。

ひとつ、親として配慮したほうがいいこともあります。子どもの様子に目を配って、子どもが「すぐ」できる状態にあるかどうかを気にしてください（173ページ参照）。子どもがすぐ動けるようにしてやるのも、親のつとめだと思います。

14

「だって」と言わない

「だって」って、あんまりいいことばじゃないよ。「だって」のあとにつづくのは、どういうことか考えてごらん。「だって、わたしのせいじゃないもん」「だって、きいてなかったんだ」「だって、おかあさんもおさらをわることがあるじゃない」……。「だって」って、いいわけするためのことばなんだね。

言いわけや反論は美しくない

子どもにも言い分はあるでしょう。親のほうが屁理屈《へりくつ》を言っていて、子どものほうが筋が通っていることも、なくはないものです。それでも、「だって」とか「でも」という言葉は、美しいものではありません。そういう言葉は、言いわけや反論のための前置きです。なんと言えばいいでしょうか、自分を正当化するための言葉であって、「だって」や「でも」と言いつづけるかぎり、相手の言うことを心に受け入れる素直さが失われていってしまいます。

人には人それぞれの考え方があり、事情がある。万人が納得する正義などなくて、だれもがどこかで自分の言い分をぐっとのみこんだり、考え直したり、それでも言いたいことはきちんと相手に伝わるように努力したりしながら、だいたい折り合いをつけていっしょに暮らしている。自分を正当化しようとすると、必ずお互いに言い募りあうだけになったり、相手を力づくでねじふせることになって、けっきょくは自分も傷つくように思います。

だからこそ、子どもには「だって」よりも、「わかった」という言葉を身につけさせたい。「でも」よりも、「そうだね」という言葉が言えるようにしてやりたい。そうやって一歩譲ることで、自分の言い分がかえって相手に伝わるものだ、と実感させてやりたいではありませんか。

15

うれしいことがあったら家族に話す

あなたがうれしそうな顔をしていたら、「いいことがあったのかな」とおかあさんまでうれしくなる。かなしそうな顔をしていたら、「どうしたんだろう」と心配になる。いいことも、わるいことも、わたしたちに話してほしい。いいことがあった話をきくと家族みんながたのしくなる。かなしいことがあった話をきくと、家族みんなであなたをなぐさめてかなしみをわけあいたいんだ。

✿ともに暮らす人だからこそ

人に話すことで喜びは倍に、悲しみは半分に。よくそういう言い方をします。そのとおりだと思うとはいえ、自分のことを人に理解してもらう努力はすべきか、自律した人間として自分のことは自分で解決したほうがいいのか。これは、悩ましいところです。私は、こと家族に関しては、「ともに暮らしているのだから」という考え方を軸にしたほうがいいと思います。

同じ家に暮らしているのだから、顔を合わせます。食事もともにとります。心の面はさておいても、とにかく目に入るのだから相手の表情や態度はどうしても気になるもの。うれしそうにほおをゆるめていたら、「なにかほめられたのかな」などと気になる。憂鬱そうな顔をしていたら「だれかとけんかでもしたのかな」などとやはり気になる。

ともに暮らしている人にとって気になることは、説明して相手の好奇心（?）や不安に応えてあげるほうがいい。それは、家族のあいだの思いやりであり義務でもあります。とくに親にとっては子どものことは愛情から気にかかるもの。子どもにも、親の気がかりに応えてあげる思いやり、そして義務があるのです。ただ、親としては、「子どもにも、どうしても心に秘めておきたいことだってある」と理解して、無理に聞き出さない自制心も必要でしょう。

16 不機嫌な顔でいない

むっつりとだまっていやな顔をしていると、あなたのまわりの空気までどんよりしてくる。どんないやなことがあったのかわからないけれど、自分のふきげんを家族におしつけるのは、いいことじゃないね。いやな顔をしている人といっしょにいると、だれだっていやな気分になる。とにかく、ふつうの顔をしてごらん。どうしてもできないなら、わけを話してごらんよ。

✺いっしょにいて気持ちいい人になる

家族のあいだだと、知らず知らずに不機嫌な顔でいるものではないでしょうか。とくに寝足りない朝、なんとなくからだのだるい季節などはなおさらです。

私たちは、学校や職場で友人、知人に囲まれているときはにこやかでいられます。なのに、家ではいやなことがあったわけでなくてもむっつりしがちなのは、気を許しているから。つい「親しいあいだなのだから、いいじゃない」と思いそうですが、じつは、気が抜けていてまわりに配慮する気持ちが失せているわけです。要は、心が閉じている状態なのです。

そう考えていくと、街中でむっつりしている人が多い理由がわかります。街や電車の中ではまわりは知らない人ばかりだから、まわりのことなんか気を配らずにいてもかまわない。知らない人は存在しないも同然だから、自分が見られているとも思わない。だからなのでしょう。

小学生にもなると、子どもも一人前に不機嫌になります。思春期は言うまでもない。でも、理由なく不機嫌でいることで周囲まで不愉快になることは理解しておいてもいいことです。

もちろん、つらいこと、かなしいことをおし隠してまで笑う必要はありません。つらいことを心から吐き出したいときに、助けになるのも家族なのですから。

17

「これ、高いの？」ときかない

お金は、だいじなものだね。そう、なんでも買えるから。私たちのくらしは、お金でまわっている。それは事実。でも、だからこそお金はあなたしだいで、いいものにもきたないものにもかわってしまう。ものが高いか安いかとか、その人がいくらもっているかとか、あからさまにきくのははずかしいこと。気になるのはあたりまえだけど、なんでもお金で判断するのは、いやしいことよ。

お金とうまくつきあえる子に

私たちは「子どもでもお金のことは知っていたほうがいい」との考えを常識にしています。日本は資本主義社会で、なおかつ高度に発達した消費社会。お金は媒介である以上のパワーをもっています。それで、家庭では小学生にもなればお小遣いを与え、学校では株式投資のシミュレーションをするなど、小さいうちからお金をうまく使いこなせるように訓練しています。

お金のことをいいかげんに考えては、かえってとらわれる。けれども、お金をものさしにすることに慣れてしまっては、お金の奴隷です。子どもはある時期にお金の価値に気づきます。「100円で何が買えるの」「これ、いくら?」「お父さんの給料は何円?」などと質問をはじめます。そのうち、「お金持ちになりたい」「100万円あったらいいな」などと言い出します。そういう時期に、大人がきちんとお金についての姿勢を示したいものです。

お金についての質問にはまじめに答える。でも、「これ、安いから買って」などと言い出したら、「高いか安いかじゃなくて、あなたが必要かどうかでしょう?」とたしなめる。「○○ちゃんの自転車、5万円もするんだって」と言うなら、「ふーん、すごいね。それで?」と聞き流せばいい。それに、両親の給料の額など、子どもは知る必要はないのです。

18 おとうさん、おかあさんのお客さまに「こんにちは」と言う

家にかえってきて、お客さまがいたら「こんにちは」といってね。おとうさんのお友だちでも、子どものあなたには関係ないわけではないの。家にきたお客さまは、家族みんなでこころよくむかえてほしい。おかあさんがたいせつにしているお友だちは、家族もたいせつにあつかってほしい。あなたがわたしのお客さまにも元気にあいさつしてくれると、とてもうれしい。

✿家に来た人に「家人」としてふるまう

昔の中流家庭では、父親に来客があったときなど、子どもに座敷に顔を出させて「いらっしゃいませ」などと挨拶させたものだと聞きます。マンガ「サザエさん」で、カツオくんが、おとうさんのいる座敷で挨拶している図を見たことがある人も多いでしょう。私の経験でも、70代の夫婦の家を訪ねたとき、居間で話しているとその家の高校生らしき孫が出てきて「こんにちは」と頭を下げ、また引っ込んでいったことがあります。なにか心あたたまる経験でした。

そういえば、「家人」という言い方があります。主人（父親）以外の家族という意味です。家父長制のころの言い方ですから、こんにちではその家の者、というほどの意味に考えておくといいかもしれません。

いずれにしても、たとえ家のだれか——父親であれ母親であれ——を訪ねてきたにしても、家にきた人は家族みんなにとっての客と考えるのが気持ちのいいことでしょう。そう、家族だれもが「家人」としてこころよく迎えたいもの。たとえ幼くても、子どもには「家人」として、歓迎の挨拶、お別れの挨拶をさせてしかるべきです。少し大きくなった子どもには、「どうぞ、と言って出すのよ」と教えてお茶を出させるくらいのことをしてみませんか。

19

質問されたら正確に答える

きかれたことには、きちんとこたえなさい。うまく説明できなくても、かまわない。めんどうくさくても、だまってそっぽをむかないで。とにかく、「わかんない」ですませたり、てきとうな返事だけしたりしないでね。おかあさんにわかるように話してくれたら、おかあさんもいっしょけんめいあなたをわかろうとするから。

✳人が察してくれるのを待つのではなく

親が心配してきいてくれるとわかっていても、子どもはうっとうしく感じたり、めんどうくさく感じたりするものです。小さい子どもであれば、親戚の伯母さんに「今度、小学校よね？」などときかれただけで恥ずかしくて、黙ってしまうこともあるでしょう。

大人であればそのくらいの子どもの感情は、わかるでしょう。だからといって「恥ずかしいのね」と笑ってすませたり、「黙ってちゃわからないでしょ」と叱りつけたりしないで、子どもにきちんと答えさせることもあっていいと思います。

なぜなら、自分の事情を人にきちんと説明できる力は、子どものうちもそうですが、大人になってからはなおさら必要だからです。ささやかなこと、たとえば風邪で苦しくて学校を早退したいとき、仕事が手いっぱいでだれかに手を貸してほしいときなどについて、考えてみましょう。「たいへんなこの状況を、だれか察してくれないかな」と期待していても、だれも助けてはくれません。人が自分の事情を察してくれるのを待っているだけでは、事態はなにも変わりません。親や身近な人が「この子の事情を理解してやりたい」と思ってきいてくれるうちに、訓練を。「だれも私をわかってくれない」などと嘆く甘っちょろい大人にならないために。

20

トイレットペーパーが切れたら自分でかえておく

トイレを使ってトイレットペーパーがきれたら、そのままにしてでないこと。つぎに使う人がこまるでしょう。そばにかえのペーパーがおいてあるんだから、かんたんでしょう。芯をはずして、あたらしいペーパーをかちっとはめて、芯はもってでてごみばこにすてる。めんどうくさいと思うかもしれないけど、「きれたらかえる」ときめてしまえば、けっこうたのしい作業だよ。

次に使う人が困らないように

家の中にはみんなで使う物がたくさんあります。トイレットペーパー、ティッシュペーパー、シャンプー、せっけん、ハンドクリーム、ビタミン剤、絆創膏《ばんそうこう》。調味料もそうでしょう。醤油注《さ》し、塩壺、砂糖壺。みんなで使うから、あっというまに切れてしまいます。それで、いざ使うときに「紙がない」と困ったり、ぬれた頭で「シャンプー取ってよ！」と叫んだりするはめになる。お母さんが替える役を一手に引き受けていては、とても間に合いません。

切れたときに使っていた人が、新しいものに替えておく。ただそれだけのことで、「いつも私ばっかり替えてる」と不快になる人はだれもいなくなるのにできないのは、なぜなのでしょう。困るのは次の人だから。自分は用をすませてしまっているから。

人間、なかなか人のためには動けないものですが、だからこそ「切れたら替えるもの」を家族のルールにしてしまいましょう。子どもであっても、トイレットペーパーを替えることはできます。大人は、替えやすいように新しいペーパーを手近にストックしておいてあげればいい。

醤油注しのように幼児では新しく注せないものは「醤油が切れたの」、絆創膏のように買い足すべきものは「もうないよ」などと、親に教えるようにすればいいでしょう。

21
脱いだ服をそのままにしない

セミのぬけがらじゃないんだから、家のあちこちに服をぬぎっぱなしにするのは、やめなさい。しかも、Tシャツはうらがえし、ズボンはくしゃくしゃにまるめてあるんだから。パジャマだって、かたそでだけがうらがえっていて、しわしわだよ。パジャマはベッドに、制服はハンガーに。どこにしまえばいいかわからないなら、おかあさんにききなさい。

✿ついついやってしまいがちなことだから

子どもには簡単に言いつけられることでも、親自身ができていないことはたくさんあります。「服を脱ぎっぱなしにしない」などは、その代表格ではないでしょうか。だから、子どもに言うのはちょっとうしろめたくても、そこは親。子どもが大人になったときに困らないように、いまのうちに習慣づけてあげましょう。ついでに親の自分も再教育できれば言うことなしです。

私は子どものころ、夜寝る前に脱いだ服は枕元にたたんでおきなさい、としつけられました。現在では、着替えるタイミングが早くなったり専用の寝室で寝るようになって、そううまくは運ばなくて困っています。

まず、子どもが服を着替えるタイミングをよく観察しましょう。学校から帰って着替えるなら、子ども部屋に服をかける専用ハンガーを用意する。お風呂にはいってからパジャマに着替えるときには、脱いだ普段着を入れる場所を作る。朝、パジャマを脱ぐときには「ベッドの上にたたんでおく」「パジャマ用のかごに入れておく」などのルールを作る。

脱ぎっぱなしにする理由は、たたむのがめんどうくさいからというよりも、脱いでからしまう場所がはっきりしないから、ということが多いのではないでしょうか。

22

清潔な服をきる

外にいくときにはおしゃれするのに、家ではだらしないかっこうをしているのって、かっこわるいことだよ。家にいるときだからこそ、せいけつできちんとした服でいようよ。もちろん、家でリラックスしているんだから、きゅうくつなかっこうじゃなくてもいい。らくな服でいいの。だれかしりあいにあってもはずかしくないくらい、かな。

✳家だからこそきちんと

家だからだらしなくてもだれも見ていない、と考えるのはあまりいいことではないように思います。家だからこそきちんとしていれば、外に出たときもおのずとふるまいがきちんとする。つまり、家でのふるまいは「身について」しまうのです。

外に出ないからといって、一日中パジャマでいては、パジャマでの身のこなしが身についてしまう。引き出しにつっこんであったくしゃくしゃの服ですごしていては、なんとなくくしゃくしゃのふるまいが板についてしまう。服だけではありません。家だからといってごろごろ寝そべって過ごしていては、ごろごろしている体つきになってしまう。

いまの暮らしでは、家の中に距離のある人の目がありません。厳しい祖父母が同居していたり、親戚の叔父さんがいたり、お手伝いの人が出入りしていたり、ということは少ないでしょう。かつてのように、夫が会社の同僚を連れて帰ってきたり、近所の人が急に用事で訪ねてきたり、といったこともなくなりつつあります。

自分で自分を律する。家族のように親しい間柄でも「人目」を気にする。そういう習慣を心して身につけなければならないのではないでしょうか。

23

はさみを出したら戻す

ものを使ったら、もとあったところにもどしなさい。使った人がもとにもどさないから、あとに使う人がさがすはめになるんだ。それに、いちいち「はさみ、どっかにやったの、おまえだろう」とおこられるのは、いやでしょう? 「あとでもどそう」と思っているとわすれるから、使ったその場でもどすとらくだよ。

図書館や書店で本を探していると、番号順や同じ著者の場所に置いていなくて、近くの変な場所に差し込んであることがあります。電車などのリクライニングシートも、席を立つときにもとに戻す人は半分程度ではないでしょうか。使ったものをもとに戻す、というあたりまえの作業ですが、大人でもなかなかできないことがあるようです。

「使ったもの」とは違いますが、スーパーのレジ近くの棚に、本来そこにあるべきではないキュウリや海苔の佃煮が置いてあるのを見かけることがあります。いったんかごに入れたけれども、やっぱり買うのをやめたのでしょう。めんどうくさくて、つい手近な棚に置いてしまう。使うため、買うために探すのはめんどうくさくなくても「もとに戻す」のはおっくうになる。それは、人間が本質的にもっている「ものぐさ」なのでしょう。

けれども、私たちは社会を作って、みんなで同じものを共有しています。図書館の本、道路、電気……。商品として提供されている野菜や洋服、電車などだって、いわば社会で共有するストックです。である以上、みんなが使うためのルールは守るのがあたりまえです。家庭のなかでの「出したら戻す」は、社会生活でのルールの基本ではないでしょうか。

24

約束は守る

約束は、約束だから守らなきゃいけないんだと思うよ。「歯をみがく」「宿題をする」「明日までにやる」……いつも、いろんな約束をしているよね。そういう約束、あなたが守らなくても、おかあさんはべつにこまらない。でも、あなたが「約束を守らなかった」と思うと、とてもかなしい。あなたが自分のいったことに責任をもてない人だと思うのは、くやしいんだ。

✿約束は守ろうとすることに価値がある

若いころにはよくわからなかったのに、歳を経るにつれてわかるようになることがたくさんあります。私は、若いころには「約束は守るほうがいいけど、事情があるならしかたがない」「説明すれば相手もわかってくれるはず」と思っていました。そのうち、約束とは、守ったか守れなかったかではなく守ろうとするところに価値があるのだ、と理解するようになりました。

中学生のころに初めて読んだ『菊花の契り』（小泉八雲）という話があります。9月9日の重陽の節句に会おうと約束して別れた義兄弟がいた。でも兄は敵の策略で牢に捉えられてしまう。9月8日の夜にいたって、兄は命を絶ち霊魂になって弟のもとに駆けつける。そんな話です。私は、「牢屋に入れられちゃったんだから、しかたないじゃない」と思い、「死んでしまうんだからそこまでしなくても」と理解しがたく感じました。

いまは、少し違います。兄は、「霊魂だけになれば、約束が守れる」と気づいた。肉体の死を選ぶことで、魂の死はまぬがれる。なぜなら、約束とは「相手との」という以上に「自分との」約束なのだから。合理的に考えれば愚かしくても、だからこの話は美しい。人は、まず自分に誠実でなければ生きている価値はない。子どもでも感じることができるはずです。

25

友だちは家族に紹介する

あなたがどんなお友だちと仲がいいのか、おしえてほしい。うちに遊びにつれてきたときは、「おなじクラスの○○さんだよ」って、おとうさんとおかあさんに紹介してね。そうしたら、おかあさんも「はじめまして」ってあいさつできる。その子と外であっても「○○くん、こんにちは」っていえるしね。あなたが大事にしている友だちなら、わたしたちもたいせつにしたいんだ。

✺自分の交友関係は家族に知らせる

幼稚園や保育園のうちは、子どもが「○○くんと遊びたい」と言うと、親同士が連絡しあって遊ばせます。そのうち小学生になると、子どもは子どもだけの世界を広げ始めます。学校で約束して帰り、「○○さんの家に行ってくる」と飛び出していく。だれかに電話をかけて楽しそうに30分も話している。子どもの小さな世界といえども、親には把握できなくなってきます。

いつまでも子どもを親の管理下に置くことは不可能です。わが子はいつか手元を離れ、彼／彼女だけの世界で生きていく。それぞれ生きる世界が違ってきても、親子として互いに必要としあう関係でいられるかどうかは、それぞれの世界についても認められるかどうかにかかっているように思います。その第一歩が、子どもが友だちを親に紹介することではないでしょうか。

親が詮索したくなる前に、「私には、こういう友だちがいるのだ」と親に知らせる習慣をつけさせましょう。細かく説明させる必要はなく、顔と名前だけでいいのです。そして、親は、子どもの世界を受けとめる。「この子はいい子なのか」などと値踏みするのは論外です。じっさいには、「こんにちは」「さよなら」と挨拶する程度でちょうどいい。遊びに来た中に知らない子が混じっていたら「はじめまして。お名前は？」と親からたずねればいいでしょう。

26

話しかけるときや返事をするときは相手を見る

おかあさんに話をきいてほしいなら、ちゃんとおかあさんのほうをむいて話しなさい。まんがを読みながら、「おやつ、ちょうだい」なんていったって、だれにいっているのかわからない。返事をするときも、おなじこと。テレビをみながら「はーい」っていっても、ちゃんときいているのかあやしい気がする。人と話すときに相手を見るのは礼儀なのよ。

目を向けると気持ちも相手のほうを向く

幼いときにはまっすぐに親を見た子どもも、心が複雑になってくる年齢には親をまともに見なくなってきます。それに、私たち日本人にとって、相手の目を見るのは少々恥ずかしく感じることもあります。それでも、人と話すときには相手を見るのは礼儀です。「目で見る」という行為には、ただ「見る」だけでなく気持ちを向ける力がある。逆に言えば、「目はよそを見ている」ならば、いくら耳で聞いていても、返事をしたとしても、気持ちが向いていない。ひいては話の中身が頭に届いていないということになるのだと思います。

子どもが、テレビを見ながら口だけで話しかけてきたなら、「こっちを向いて、もう一度、言ってちょうだい」とたしなめましょう。うつむいて「うん」と生返事をしたら、「おかあさんを見て『はい』って返事して」と言いなおさせましょう。

そして、親の側も、新聞を読みながら「宿題、やったの」と口だけで聞くようなことは、やめませんか。子どもが今日あったことを話しているときは、子どもの顔を見てやりましょう。まだ知恵もつかない赤ちゃんは、好きな人と目が合うとにっこりします。顔と顔とが向き合うと、うれしそうです。それは、気持ちが向き合う喜びを感じるからではないでしょうか。

27

だれかの悪口を話題にしない

ひとの悪口って、うしろめたいけどちょっぴりたのしいよね。正直にいうと、おかあさんも悪口をいってすっきりしちゃうこともある。でも、悪口ばかりいっていると、だんだんいやな人間になっていく。気持ちがとげとげしてくるし、あとあじもわるい。じぶんがいわなくても、悪口をきいていると、こころが苦しくなってくる。やっぱり、悪口はよくないね。

✿悪口や批判に慣れた子にしてはいけない

人の批判は、気持ちのいいものです。そして、悪口は楽しいもの。人の心には、そういう要素があることは否定できません。とくに、だれもが自分の意見を発言できるインターネットの時代になって、批判を書いたり読んだりする機会が増えています。そういう時代だからこそ、悪口や批判に慣れてしまわないように子どもをしつけるのは、親の役目だと思います。

批判される側は鋭い痛みを受けます。その痛みに鈍感であってはならない。悪口は、周囲の人間をいやな気持ちにさせます。その作用を忘れてはならない。

それに、自分こそが正しい、という姿勢は、他人から見るとうんざりさせられるものです。悪口は、まわりまわって自分を傷つけます。悪口や批判ばかり言う人は、人に信頼されなくなる。けっきょくは自分を損なうのだ、と気づいてからでは遅いのではないでしょうか。

子どもが「○○先生って、いっつも怒るからきらわれているんだよ」とか「あいつはずるばっかりするんだよね。だからだれにも遊んでもらえないんだ」などと言い出したら、「そうなの」と聞き流したり、「それでも、○○先生は悪いことしない子はおこらないでしょう」などと違う見方を示したりできるといいですね。

28

通り抜けるときは人のうしろを通る

すわっているときに、前をだれかが横ぎるのは、いやなものだよ。人がよんでいる新聞のうえをまたぐのは、とんでもないこと。ちょっとくらい遠まわりになっても、うしろをまわってとおりなさい。うしろがせまくてとおれなかったら「おとうさん、とおして」ってたのめばいいの。うちにおきゃくさまがきているときだったら、「うしろを失礼します」とていねいにいうといいね。

✳相手の邪魔にならないように自分が動く

駅の雑踏で人をおしのけるようにして先を急ぐ人、交差点でなんとか鼻面を押しこんで割りこもうとする車……いまや見慣れた光景です。とくに、世の中全体のスピードが上がっている現在、たった数秒でも余計に時間がかかると損をさせられた気になってしまいがち。

人と人とが集まって暮らすとき、譲るよりは自分が先に、と動いてしまうのは本能的なものでしょう。「自分が最優先」でいると、他人の存在はいらいらさせられる邪魔者でしかありません。ほんとうは自分のほうも相手にとって邪魔になっているはずなのに。

お互いに邪魔にならないようにしていっしょに暮らすのは、むずかしいことです。本能に打ち勝つのは、理性の力でしょうか。いいえ、子どものうちに、相手の動きを考えて自分が動くことをからだに覚えさせておかなければ。

玄関を入るときやおやつを食べるときに、「順番に！」と教えるのに比べ、伝えにくいことではあります。まずは座っている人の前を横切らないことから教えましょう。そして、人が通りたがっていたらいったん席を立つか、からだをずらすか、椅子を引いてあげるといいよ、鉢合わせしそうになったら身体をよけて「どうぞ」と言えるといいね、などと広げていきましょう。

29

家族にきたはがきは読まない

ゆうびんポストをみて、おかあさんあてのはがきがきていたら、おかあさんの席の前においておいてね。中身がよめちゃうだろうけど、よむのは失礼だよ。おかあさんも、ぜったいに、あなたあての手紙を読んだりはしない。いくら家族でも、いいたくないこともあるし、知らせなくてもいいこともあるんだ。ただ、家族を心配させないために、知らせなきゃいけないことは知らせてね。

家族にはなにを知らせておくべきかを考えられる子に

思春期の子どもをもった親なら、一度や二度は「子どもの日記を読みたい」と悩んだことがあるに違いありません。どんなに信頼しあっていても、ともに暮らしていて行動が目に入るからこそ、「私の知らないところで何をしているのだろう」と気になるものです。

私は、すべてをさらけ出し、知らないことはない関係であるのが理想的だとは思いません。それで安心できるとも思えません。何でも親に話す子は「いい子」かもしれませんが、それよりも「親に話すべきこと」をきちんと判断して、話す努力をする子のほうが、その先ずっと長い親子関係はうまくいくのではないでしょうか。社会に出たときの人間関係も同じです。つまりは、「個人として自立して他人とつきあえるかどうか」につながってくることだからです。

子どもが親に話さないことについては、内容はわからなくても、「親に話さないのなら、話す必要のないことなのだろう」と信頼してあげる。親のほうとしては、子どもに話さないことは「子どもとして知る必要のないことなのだ」という態度でいる。もし、子どもの「秘密」がほんとうに心配なときは、親の義務として日記や手紙をこっそり見ても許されるとは思います。ただ、「日記に書いてあったでしょ」などとは、ぜったいに口にすべきではないでしょう。

30

遊びに行くときは行き先と帰る時間を言っていく

おかあさんが「5時にはかえってくるのよ」といわなくても、いつも5時にはかえるようにいっているでしょう。だから、あそびにいくときは自分から「○○くんの家にいってくる。5時にかえるね」といってでかけるようにしてね。かえる時間をうっかりわすれておそくなったのに気がついたら、おうちの人に「電話をかしてください」といって、電話をしてほしい。心配だから。

✿いっしょに暮らしている人に心配をかけない

小学生から大学生、社会人になっても、親は子どもに「何時に帰るの」とききつづけるものです。家で待つ身にならなければ、心配する側の気持ちはわからないのかもしれません。「いつもの○○くんの家に行くのに」「心配するようなことはしていないのに」とうっとうしく思うだけなのでしょう。

いつもどおりでも、うしろめたいことはなくても、「家で待っている人のために、最低限、伝えておかねばならないことがある」ことは理解しなければなりません。たとえ携帯電話を持つようになって、いつでも連絡がつくとしても、事前に自分から説明しておく配慮ができるか、親が連絡してきたときに答えるだけかは、大きな違いです。

だれとどこにいて、いつ戻る。それだけでじゅうぶんです。何をしているか、くわしく無理に聞き出さなくてもいいことではないでしょうか。もちろん、「川に遊びに行く」というなら、危険だから大人がついているのかどうか確認すべきです。小学校も高学年になって、「新宿に行って6時には帰る」などと言うなら、何をしに行くかをたずね、新宿には危ない場所があることなどを教えたり、「子どもだけではいけません」と制止する必要も出てきます。

31

「さよなら」の時間を決めよう

お友だちの家にあそびにいったら、最初に「きょうは6時にかえる」っていっておくとあそびやすいよ。もしかしたら、お友だちは5時までしかあそべないかもしれないしね。うちにお友だちがきたときにも、「きょうは4時までなの。スイミングに行くから」って伝えておけば、4時になってあわてなくてもすむよ。3時半には、いっしょにおかたづけをはじめればいいよね。

✳終わりが肝腎なことは多いから

ものごとには、始まりよりも終わりのほうが肝腎であることが少なくないものです。けれども、終わりのことまで考えておいたり、終わりにきちんとした行動を取ったりするのは、かなり高度な能力に見えます。

運動会は最後にはみんな疲れてだらだらしたり、ホームパーティはだれかが帰ると言い出してからが長引いて最後にはばたばたと終わってしまったり、会議はだんだん時間がおして最後の議題は片づかなかったり……。そもそも、なんらかの集会が時間通りに終わることの、なんと少ないことか。

それはそれでしかたがないことかもしれませんが、ちょっとした工夫で終わりをきっちりと締めることは簡単なのです。「終わる時間を決めておく」「終わるまでの段取りを考えておく」。そうした訓練は、やはり日常にあるのではないでしょうか。

子どもの友達が「5時に帰る」と言っていたら、親が「もう4時半よ。みんなでお片づけしたら?」と声をかけてあげましょう。そうすれば、みんな時間になるとさっさと帰ってしまって、残された家の子が一人であと片づけするはめになることもありません。

32

電話をとるときは名乗る

でんわをとったら、大きな声で「はい、辰巳です」と名前をいおう。そうすれば、かけてきた人はきもちがいいよ。こちらからかけたとき、むこうの人が自分の名前をいわなかったら、「○○さんのおたくですか」ときけばいいんだ。そして「辰巳です。こんにちは」とあいさつしよう。もし、電話番号をまちがえてしまったなら、「すみません、まちがえました」といえばいいんだよ。

子どものうちから相互不信をうえつけない

自分の身は自分で守らなければならない、と声高に言われています。物心ついたときから「知らない人が声をかけてきたら大声を出して逃げる」など、「他人は信用してはいけない」と教えられる子どもたちはかわいそうです。

詐欺事件や凶悪犯罪が全国各地で起きていて、逐一ニュースで見聞きする昨今。不安になるなというほうが無理でしょう。ただ、この現状を「大部分の人はよい人だけど悪い人もいるから、人を信用するな」と教えるか、「悪い人もいるけれど大部分の人はよい人だから、人は信用したほうがいい」と教えるか。親の価値観の問題ではありますが、私は世の中に対する信頼感はあったほうが幸福な一生を歩めるように思います。電話についても、電話を取っても名乗らないのが主流になっていますが、「ほんとうは名乗るほうが気持ちがいい」と思っている人も多いようです。それに、たとえ名乗らなくても、セールスの人は家族の名前や年齢まで把握しています。ならば、気持ちよく名乗ることを教えてもいいのではないでしょうか。

世の中は信頼してもいい、ただし、基本的な自己防衛の感覚とノウハウは持っていたほうがいい。そう教える一人ひとりの親の姿勢が、これからの世の中を明るくするのだとも思います。

33

「わが家の行事」はたのしんで参加する

お正月には、家族みんなでおせち料理を食べるのがたのしいね。七夕にはみんなでねがいごとをしようよ。お月さまをみて「きれいね」ってはなしたり、さくらをみて「お花見の季節になったね」と話したり。

いつもおなじ家族とおなじ家で、おなじような毎日をくりかえしているけど、たまの行事に「また1年たったね」って月日のうつりかわりを思うのは、すてきなことだよ。

✿年中行事は暮らしのめりはり

毎日、同じような顔ぶれで同じような日常を繰り返すことが、暮らしの豊かさであると思います。そして、その単調な日々にめりはりをつけるのが年中行事。子どもが幼稚園や保育園に行くようになると、園でいろいろな年中行事をやるようになります。親としては、どこかで「年中行事は情操教育の一環」と思いがちですが、ほんらいは暮らしの一部であったもの。教育の場ではなく、家庭でこそ、取り入れる意義の深いものではないでしょうか。

古式ゆかしくなくてもいいのです。たいそうなことをしなくても、できる範囲でじゅうぶんです。親だけが懸命になって子どもがしらけていては、家族の行事にはなりません。

子どもといっしょに、桜を見に散歩に出る。お節料理を重箱に詰める。七夕の日に空を見上げる。学校から持って帰ってきた笹飾りがあれば、家族の願いごとも短冊に書いてつるしておく。いわゆる年中行事だけでなくても、春には蓬《よもぎ》団子を作る。夏にはかき氷を作る。そんなささやかなことでも、親が楽しそうに準備すれば、子どもにとっても楽しい行事になります。

子どもは、最初はめんどうくさそうにするかもしれません。けれども、めんどうだからこそ楽しみは深い。「みんなでやろうよ」と参加させましょう。役割分担を決めてもいいですね。

34

おかあさんが重い荷物を持っていたら持ってあげる

おかあさんがスーパーでたくさんかいものをして、いくつも袋をもっているときに、「ぼく、ひとつ、もつよ」っていってくれたら、どんなにうれしいでしょう！　おかあさんは力もちだから重い荷物でももてるけど、「たいへんだな」って気がついてくれるあなたのやさしさが、うれしい。

✱人の負担に気づける子に

「手伝って」と頼まれてさっと動ける身軽さがあるのもたいせつなことですが、「手伝って」と言われるまえに人の負担に気づける思いやりがあるのは、ほんとうにすてきなことです。

人には、「人の役に立ちたい」という心の働きが備わっています。そして、人の役に立ったと実感できるとき、「私はここにいる価値のある人間だ」と実感できるものでもあります。おそらく、人は、人から認められたときに、自分の存在価値を実感できるもののようです。

こう考えると、ボランティア活動のように「社会のため」と発想しがちですが、まず目の前にいる身近な人について「役に立ちたいな」と考えられればいいのでは。自分の大好きなお母さんがたいへんそうにしている、それをただ眺めていられるか、なにかしたいと思うか。そこでなにかできる子になることで、いずれ世の中の役に立つ人になれるに違いありません。

もちろん、最初から子どもに「気づいてほしい」と期待するのは無理です。最初は「荷物が重いの。この袋を持ってくれるかな」と頼む。次に、「荷物が多くて、たいへん」とさりげなくサインを送る。サインに気づかなかったら「○○ちゃん、少し持って」と頼む。そのうちに、必ず自分で気づける子になるでしょう。

35

使ったティッシュが落ちていたらひろう

床にまるめたティッシュがおちているのに気がついたら、ひろってごみばこにすててね。「わたしじゃないもん」っていわないで。だれがおとしたかわからなくても気づいたあなたがすてれば、床はきれいになるよ。自分のやったことだけかたづけるんだったら、おかあさんはあなたのぬいだ服を洗ったり食べたおさらをかたづけなくてもいいのかな。気がついた人がするのって、大事だよ。

自分の始末ができるだけではたりない

人といっしょに暮らすときには、「自分のことは自分で」だけではたりないのだと思います。自分のことは自分で始末して、あたりまえ。そして、人のことまで気づいて、できることはやる。それで、お互いに気持ちのいいバランスが取れるのではないでしょうか。

そもそも、人は自分のことを全部自分できっちりできるわけではありません。気づかないこともある。うっかり忘れることもある。至らないことは、たくさんある。どんなに頭のいい人でも、細やかな人でも、完璧になんてなれはしません。でも、そのぶん、人が補ってくれる。それで、なんとか一人前にやっていける。だから、人が気づかないことでも自分に気づいたことがあれば、積極的にやるべきなのです。子どもには、理屈で納得させる必要はないでしょう。「気がついたなら、あなたがやればいいことだ」と伝えるだけで、じゅうぶんです。

「花が枯れかけてるよ」と教えてくれたら、「ありがとう。じゃあ、水をやっておいてくれる」と頼みましょう。そのうち、「気がついたらやらされる」と思って、気づいても知らんぷりをするようになるかもしれません。それも成長の過程でしょう。それでも、「気がついた人がやればいい」という価値観を、小さいうちに知っておくことには意味があると思います。

36

食卓でげっぷをしない

食卓ではげっぷをしないで。でそうになったらがまんしなさい。おならがでちゃったら、小さな声で「ごめんなさい」といえばいい。だれも気がつかなかったらだまっていればいいんだ。「おならがでちゃった」なんて報告しなくてもいいの。うんちの話や血のでた話も、あんまりよくないな。いっしょに食べているみんなが、気持ちがわるくなるでしょう。食事はおいしく食べようよ。

✿食卓ではきたないこと、きたない話はしない

自分の意思とは関わりなく出てしまうげっぷやおなら。しかたがないことですが、食卓のお行儀としては、「出ちゃうものはしかたがない」ですませないほうがいいでしょう。マナーだからという以前に、ほんとうに食欲が失せたり、気分が悪くなったりしかねないものです。

大きな音でげっぷをしたら、「よくないよ」と伝えましょう。げっぷはおさえようとすればおさえられます。ティッシュやタオルで口元をおおえば、ほとんど気づかれないくらいの音にできます。おならはうっかり出てしまうこともありますが、出てしまったらみんなで「なかったこと」にすればいいのです。たまには「おならが出そうなら、出る前にトイレに行きなさい」とたしなめてもいいかもしれません。

要するに、食卓を、おいしい食事をいただく楽しい場にするのは、たいせつな礼儀がある、ということなのです。その基本さえ子どもに伝わっていれば、家族のあいだなのだから例外があってもかまわない。赤ちゃんがおならをしたときに「大きな音！」などとみんなで大笑いしたり、5歳の子どもが「うんち」と言って席を立ち「大きいのが出た」とうれしそうに報告したらほめてあげたりする。そんなことも、家族の喜びなのですから。

37

鼻を思いきりかみたいなら、人のいないところに行く

鼻がつまっているなら、おもいきりかみなさい。鼻をすすりあげていると、みているほうがおちつかない。かむときは、ぶーんって力を入れてだしきること。でも、思いきりかむときは、人のそばからはなれなさい。ごはんのさいちゅうなら、席を立ってはなれたところにいって。だって、「ずるずる」って音をきかされるのは、気持ちのいいものじゃないからね。

✳人を不愉快をさせることはしない

鼻をかむ音は、はっきり言って不愉快な音です。ものを食べている最中には、聞きたくない音でもあります。かわいいわが子の音であれば気にならないかもしれませんが、子どもに食卓で鼻をかむ癖がついてしまっては困ります。将来、恋人ができてデートしているとき、無意識にその人の前で鼻をかんでがっかりされては、親の責任重大です。

一般的に人が不愉快に感じるようなことは、人前ではしない。そんな習慣を身につけさせるのは、家庭の役目です。前項のげっぷやおならもそうですし、次項のくしゃみや咳、または痰なども同じです。無意識にするのではなく、周囲のことを考えて出せるように習慣づけたほうがいい。

出てしまうものであってしかたがないから、というだけでなく、鼻水はためておくと副鼻腔炎など病気につながりかねません。おならだって、がまんして抑えていてはおなかが痛くなるかもしれません。くしゃみも、異物を吐き出すために出るものです。

無理やりおさえこむのではなく、周囲が不愉快にならないように考えて出せるようになれば、それでじゅうぶんでしょう。

38

くしゃみや咳は人のいないほうを向いてする

くしゃみがでそうになったら、手で口をおさえて人のいないほうをむいてしてね。せきがでそうなときも、おなじ。とくに、かぜをひいていてせきがでるときは、人にうつすかもしれないでしょう。あんまりせきがとまらないときは、水をのみにいくか、おさまるまで人のいないところにいくほうが、おちつくよ。

家族であれば気にならなくても

家族のように親しい関係なら気にならなくても、他人には気持ち悪く感じることがあります。くしゃみや咳などは、その代表ではないでしょうか。

家族が風邪を引いて咳をしていても、心配するだけです。でも、他人が電車の中で咳をしていると、思わず「かぜが移る」と思って息を止めたくなる人もいるのではないでしょうか。「くしゃみで唾がかかった」と電車内でけんかをしている人も見かけます。

小学生のときの記憶ですが、クラスの友だちがふざけあっていて、一人が舌を出したときに友だちの鼻をなめたような格好になってしまったことがあります。その子は「〇〇ちゃんが、鼻をなめた」とひどくいやがって、しばらくその2人はクラスのなかで険悪になっていました。「口」とは、ひどくプライベートな器官なのでしょう。恋人なら愛情表現でキスするのに、他人とはとんでもない、という気がするものです。

子どものうちに、くしゃみや咳の礼儀作法を身につけさせましょう。家族なのにかたくるしい、と思うかもしれませんが、家族のあいだで自然にできることなら、どんな場にいっても自然にできるものなのです。

39

大人の話に口をはさまない

おとうさんとおかあさんが大事な話をしているときには、だまっていなさい。仕事の話や、おじいちゃんの病気をなおす話、家をたてかえる話は大人の話。だから、子どものあなたは口をはさむものではないよ。あなたの意見をききたいときは「どう思う?」ってたずねるから。そのときには、あなたの気持ちをきかせてね。

✿大人の話に子どもが口を出すべきでない

家族の食卓では、子どもがいても「大人の話」をすることがあります。夫婦がお互いの仕事の内容について相談したり、ものわかりの悪い上司へのぐちをこぼしたりすることは、よくあるでしょう。あるいは、身内の話で嫁姑のいさかいの話題や親世代の「めんどうを見る」話、近所のうわさ話など、少々、あけすけな話をしてしまうこともあるでしょう。

場合によっては、「今月、お金が足りないのよ。どうする?」「住宅ローンの繰上げ返済のために、毎月の貯金を5万に増やせるかな」などと、お金の相談をすることもあるはずです。

ほんとうは、「子どもには聞かせないほうがいい話」という判断があったほうがいいとは思います。が、日常、忙しいなかでゆっくり話せるのは食事のときだけ、という家庭では、そうも言っていられません。そういう話をしているときに、子どもが「おじいちゃん、住むところがないの?」とか「繰り上げ返済って、なに?」などと口をはさんできたら、きっぱりと「これは、あなたが関心をもたなくてもいいことだ」という態度をとりましょう。

「大人の話なんだから、黙っていなさい」「子どもは口出ししなくていいの」などと、たしなめます。「なんで」ときかれても、「大人の話だからです」と説明すれば、充分です。

40 人の話をさえぎって自分の話をしない

おかあさんがおとうさんに話しているときに、「きょうね、学校でね」ってわりこんでくるのは失礼だよ。おかあさんに話したいことがいっぱいたまっていて、口がむずむずしちゃっているのは、うれしいけどね。人が話をしているときは、おわるまでまちなさい。それから、自分の話をするんだよ。

✻人の話をきちんと聞ける子に

子どもは家族のなかで王様になりがちです。大人が話していたり、大きいきょうだいが親に話していたりする最中でも、子どもが「僕ね」「私ね」などと話し出すと、話をやめて聞いてやる親も多いのではないでしょうか。聞いてやるのは、愛情のゆえ。でも同時に、聞いてやらないかぎりうるさくて、とりあえず言いたいことは言わせてしまうのが楽だから、という理由も少なくないでしょう。でも、ここは子どものためと思って、「おかあさんの話が終わるまで、待っててね」とだけ伝え、話を最後まで終わらせてしまいましょう。「なんで僕の話を聞いてくれないの」と不満そうにしたら、「だって、おかあさんはおとうさんと話している途中でしょう」と説明すればいい。「もういい」とふてくされたら、「あらそう、もういいの」と親が気にかけなければいいのです。どうしても話したいことなら、そのうち話すはず。「ごめんね。なにが話したかったの。聞かせて」などとなだめては、子どもは図に乗ります。

よく「聞き上手」といいますが、聞き上手とは、話の内容までじっくり聞いて適切な返答をする人のことを指すとはかぎりません。人の話に最後までじっくり耳を傾けられる人。話の腰を折ったり、先回りしたりしない人。そんな能力とは、貴重なのです。

41 寝るときには「おやすみなさい」と言う

夜ねるまえには、はみがきをして、あしたの用意をして、それから「おやすみなさい」をいってね。リビングにいるおとうさんにも、キッチンにいるおかあさんにも、おへやにいるおにいちゃんにも、みんなに「おやすみなさい」といってほしい。「おやすみ」は、一日のしめくくり。きょうという日に感謝しながらさよならして、あしたを気持ちよくむかえるための、ごあいさつ。

一日のけじめとなる言葉

「おやすみなさい」という挨拶は、一日を終えるけじめとなるものです。

一日を始めるときに「おはようございます」と挨拶し、終えるときには「おやすみなさい」と挨拶する。とても気持ちのいいことではありませんか。

私は、人とはじっさいには一日一日をつみ重ねて生きているのではないか、と思います。

私たちは記憶をもっているために、長い一生という時間、数十年に及ぶ時間をとぎれなく生きている、と思いがちです。昨日の私と明日の私は同じ人間。去年あったことは来年あるだろうことの礎となる。そう信じています。とくに、いまの時代、天災や病気はありますが、基本的な安全と安心は確保されていて、だれもが、死ぬのは遠い先のことのように感じている。

それでも、私には、人には「きょう一日」を生きることしかできないのではないか、という思いがあるのです。たとえ、明日の朝にはちゃんと目覚めて同じ一日がはじまるのだとしても、今日という日は去ってしまったら二度と戻りません。今日の私は、今日で終わり。明日の私は明日始まる。「おやすみなさい」という言葉が美しく、そしてかなしいのは、今日の私に別れを告げ、明日の私もよくあれかしと願う祈りがこもっているからではないでしょうか。

42

ものをもらったら喜んで受け取る

Tシャツやくつをかってもらって「どう?」ってきかれたら、「この色、すき」とか「かっこいいな」とか、よろこんでうけとってね。おとうさんが虫をとってくれたり、ボールペンをくれたりしたら、「ありがとう」って、よろこんでね。「べつにうれしくない」「ほしいなんていってない」なんて、そっぽをむかないで。なにかいただくときにはよろこんでうけとるのが礼儀だよ。

✿相手の好意は素直に喜んで受け取るもの

人の好意は、自分にとって心からうれしいものとはかぎらないのが、人づきあいのむずかしいところです。贈りものなどはその最たるもの。贈る側はこちらを思って贈ってくるのに、受け取る側にすれば困ってしまうこともまれではありません。もの余りの世の中だから、という理由だけではなく、人にはそれぞれの好みや事情がある以上、しかたのないことなのでしょう。

それでも、相手が自分のことを思ってなにかしてくれた「気持ち」については、無条件で「ありがたいこと」と感謝するのが、たいせつなことではないでしょうか。その気持ちに応えるのが、「ありがとう」というお礼の言葉であったり、「すてきだね」「これ、どうやって動くの」「明日、着ていっていい?」などといった感想の言葉なのだと思います。

いまどきの子どもは、物を与えられるのに慣れてしまっています。誕生日やクリスマスのプレゼントならば期待もし喜びもしても、ふだん与えられるものには当然であるかのような感覚をもっている子どももいるかもしれません。子どもが「ふーん」などというそぶりを見せたら、「いらないなら、返しなさい」「着ないなら、○○くんにあげるから」などと断固とした態度をとってもいいでしょう。口だけではなく、ほんとうにとりあげなければ効き目はありません。

43 ものを大切にする

ものはたいせつにしなさい。「こわれたら、また買えばいい」なんて、とんでもない。おちゃわんをらんぼうにあつかえばわれるんだよ。かばんを雨にぬれたままほっておくと、かたちがくずれてだめになるよ。おもちゃがたくさんあるからって、粗末にしていると、もうおとうさんもおかあさんも、あなたにはなにも買わないから。

ものをていねいに扱うことのできる子に

「ものを大切にする」とは、どういうことでしょうか。「もったいない」と子どもには陶器の茶碗を使わせずに、プラスチックの茶碗を与えるのが、ものをたいせつにすることになるとは、私は思いません。お茶碗を食卓に出すときに乱暴に置いたり、スプーンで強くたたいたりすれば、割れてしまう。でも、ていねいに使っているぶんには簡単には割れません。

使わせないでいたら、どうものをたいせつにすればいいのかもわからないままです。家庭でふだんからどんどん使いながら、ものをていねいに扱うことを学ばせてはいかがでしょうか。立派なかばんを買ってもらったら、使わずにおいておくのではなく、だいじに使う。汚れたら、手入れをする。おもちゃは買ってもらったら喜んでたくさん遊んで、なくさないように、そして壊さないように、取り扱う。

ところで、かつては、「おとうさんが汗水たらして働いたお金で買ったんだよ。だから大切にしなさい」という言い方がありました。私は、家庭においては「まだ養われている身なんだから」という理屈もありなのではないか、と思っています。ひとつのものを得るには、それなりの対価（労働なりお金なり）が必要なのだ、という感覚はだいじなことだと思います。

44

「せっけんを取って」と言われたら包装紙をむいて渡す

おとうさんがおふろから「せっけんをとってくれ」とよんでいたら、どうやってわたしてあげる？　紙につつんであるままわたしたら、おふろで紙をむかなきゃいけないよね。おふろにごみばこはないしね。めんどうでも、紙をむいてわたしてあげると、おとうさんはすぐにつかえて助かるんじゃないかな。

相手に配慮して動けるように

子どもに要求するのはたいへんなことかもしれませんが、相手に配慮してものを渡したり自分が動いたりできるのは、とてもたいせつなことです。

風呂場にいる人にせっけんやシャンプーを渡すときには、すぐに使いたい状況であるはずです。濡れた手では、紙もむきにくい。めんどうくさいのはたしかですが、やってあげることで相手はとても助かるものです。食卓にいる人に「お醤油ちょうだい」と言われて、台所から醤油注しを持ってくるときに、残りわずかなものを渡したらどうでしょうか。新しく醤油をたして渡してあげなければ、取ってあげた意味がありません。

ほかにも、いろいろあります。はさみを渡すときには、自分が刃を持ち、持ち手を相手に向けて渡す。サンダルを出すときには、すっとはけるようにかかとを向けてそろえてあげる。赤ちゃんを抱いているお客さんにお茶を出すときは、赤ちゃんの手の届かないところに置く。

こうやってあげていても「めんどうなことだなあ」と思うことばかりです。どれもこれも、身につけなければ実行できないことばかり。考えないでもできるようにするのは、親のしこみにかかっています。

45

「○○ちゃんだって」と言わない

すぐに「○○ちゃんだってやってるもん」とか「みんなもってるもん」っていうのは、みっともないことだよ。人がやっていたら、あなたもやるの？　みんなって、だれとだれ？あなたはじぶんのこともじぶんできめられないのかな。ゲームがほしいなら、なぜほしいのか、じぶんの気持ちを説明してごらん。

なぜこのゲームがほしいのか、なぜいつも宿題を忘れるのか、なぜいたずらをしてしまったのか……それらのことはまぎれもなく自分のことであっても、うまく説明できないものです。そもそも、人の気持ちとは茫漠としていて、数式のように帳尻がきちんと合うものではない。だから、説明しろ、というほうが無理なのかもしれません。まして、子どもであれば、自分の気持ちでさえよくわからないはず。ほしいのか、ほしくないのか。いやなのか、そうでもないのか。こっちがいいのか、あっちがいいのか。大人が問い詰めると、ほんとうにわからなくなってしまうこともよくあるようです。そのようにおおらかに捉えたうえで、それでも「○○ちゃんがやっているから」などという理由はなしにしませんか。

「人がやっているから」というのは、多くの場合、表面的な理由——言い逃れともいえます——です。その奥には「このゲームで遊んでみたい」「仲間はずれはいやだ」「帰ってきたときには覚えているのに、先に遊んでいると宿題があったことを忘れちゃう」などの自分にとっての理由がある。その「自分にとっての理由」の存在に気がつくことが必要です。それが、今はうまく説明しきれなくても、いずれきちんと説明できる基礎になるのだと思います。

46

食べものを残さない

たべものを粗末にしてはいけません。だされたものは、よろこんで食べようね。おかあさんは、あなたのおさらには、あなたが食べられる量しかもりつけていない。だから、がんばってぜんぶ食べてね。自分でおさらにとりわけるときには、食べきれる量を考えてとること。よくばってからあげをたくさんとって「食べられない」ってのこすのは、ゆるしませんよ。

✵「食べきれる量」を考える

子どもの食欲にはむらがあります。いつも食べている量がどうしても入らないこともあるし、目で食べられると思ったのにお腹が先にいっぱいになってしまうことはよくあるようです。

それでも、親は「残すのはよくないこと」と教えたいものです。子どもが残さずに食べられるように、盛りつける量はやや少なめにしておいてお代わりをするようにしておくのも、たいせつな配慮です。また、大皿に盛ってある料理を自分で取り分けるときは、「食べられるの」とくぎを刺したいもの。途中で「もういらない」と言っても、自分でとりわけた以上はきちんと食べきらせませんか。その1回のしつけが「ちょうどいい量」についての意識を作るのです。

もちろん、夕食前におやつを食べさせる、食事のときに甘いジュースをいっしょに出す、などを日常の習慣にしないのは、言うまでもありません。ただ、どうしても食べきれないときは、残すか親が食べるしかないでしょう。「こまった子ね」などとたしなめながら、「しょうがないから、残していいよ」と言うのは、かまわないと思います。そのときには、ぐちゃぐちゃにせずお皿のすみに寄せておく、納豆をかけたごはんなら納豆の部分だけは食べ切っておく、など、きれいに残すように教えてやるといいでしょう。

47 用があったら自分が行く

「おかあさん、ちょっとときて」ってすぐによぶけど、用があるならあなたがこっちにきてね。よめない漢字があったなら、おかあさんのところまで本をもってきてごらん。話をきいてほしいなら、そばにきて話してね。お台所をしながらでも、ちゃんと話をきいてあげる。どうしてもその場をはなれられないなら、「こっちにきて」ってよべばいいよ。

人を気軽に使わない

遠くから人を呼びつけるのは、失礼なことです。でも、日常、うっかりやってしまうことでもある。私たちはほどほどに狭い家に住んでいるので、家のどこかで叫べば、やはり家のどこかにはいるだれかの耳に届いてしまうせいもあるでしょう。

遠くで「おかあさーん」と呼ぶ声を聞いて、「なあにー」と返事をし、お互いに呼び合っているだけでちっとも進展しないこともあります。用があるなら、自分から行く。たったそれだけのことでも、言われなければ気づかないもののようです。

用があるときだけではありません。たとえば、「ごはんができたよ」と呼ぶにしても、階段の下から二階にいるおとうさんを大声で呼ぶのではなく、二階の部屋の前まで行って「おとうさん、ごはんができたよ」と言う。電話を取ったときに、受話器を押さえて「○○ちゃーん、電話」と叫ぶのではなく、子ども部屋まで行って「電話よ」と伝える。そのほうが気持ちがいいと思いませんか。

それに「不必要に大きな声を出さない」というのも、大切な社会のルールなのです。

48

夜は9時には寝る

子どもは9時にはねるものだよ。いつまでもおきているんじゃありません。あんまりねむくなくても、ふとんにはいってからだを休めなきゃね。あしたも元気に学校にいけるように。すぐにねむれなかったら、きょうあったたのしいことを思いだしてごらん。こころもからだもあたたかくなって、ふーっとねむりにはいっていけるから。

✿子どもは夜寝るもの

よく言われることですが、子どもを育てているときには夕方は戦争です。子どもがごくふつうに6時には遊び先や塾から帰ってきても、夕食を食べ、お風呂に入り、宿題をし、ちょっとだけゲームをしたりビデオやテレビを見たりしていると、あっというまに9時を回ってしまいます。朝には、学校に行かせるために「早く、早く」と言いつづける親も、夕方には疲れてしまって「まあ、いいや」とあきらめたくなるというものです。

「いまどきの子どもは、朝から疲れている」と言われ、「きちんと睡眠をとらせましょう」とすすめられますが、言うは易く行なうは難いこと。でも、「9時には寝かせる」という目処をなくしてしまっては、ほんとうにずるずるしてしまいます。時間は各家庭の事情に合わせたうえで、ルールとして、家族のあいだで了解をとりつけてしまいましょう。

「子どもは9時には寝るものよ」と言いつづけることで、子どもはそういうものだと思うようになる。そのうち、自分で時間を見て「もう寝なきゃ」と思うようになります。心で思っているときに、親が「まあ、きょうはいいじゃない」などと揺らいでしまうと、子どもも「べつに、いいんだ」とずるずるしてしまいます。要は、親の気持ち次第、ということです。

49

ドアをばたんと閉めない

ドアをしめるときには、しずかにしめるんだよ。あんまりどすんばたんって大きな音をたてると、びっくりする。とちゅうで手をはなすから、ばたん！　って音がするんだ。しまるまでノブをもっていればいいだけのこと。階段をとおるときは、どすんどすんあるかない。どろぼうじゃないんだからしのび足であるかなくてもいいけど、ちょっと気をつければしずかにあるけるはずだよ。

＊「物静かである」という美徳

たたずまいの美しい人、ものごしに品のある人をよく観察すると、あまり物音を立てないことに気づきます。もたもたせず、てきぱき動いているのにゆったりとしているように見えるのも、やはり物音を立てたり、ものを手荒く扱ったりしていないからなのでしょう。

そういう人といっしょにいると、こちらまで気持ちが静かになり、ゆったりとしてきます。逆に、動きの乱暴な人、騒々しく物を使う人といっしょにいると、気持ちが焦ってきたり、ささくれてくるものです。

日常の身のこなしこそ、「お里が知れる」という類のことなのでしょう。子どもに教えるついでに、自分の日常の動作もチェックしてみませんか。

ドアはしずかに閉める。階段はどすんどすんと歩かない。椅子を引くときガタン！　と言わせない。食事をするとき、お茶碗を鳴らしたり音を立ててものを食べない。食器棚に茶碗をしまうときには、がちゃがちゃ音をさせない。お風呂でお湯をかぶるときは、盛大にお湯をざばーん！　とかぶらない。ふたを閉めるときにも、ばたんばたんいわせない。

なんて細かい、と思われるかもしれませんが、一事が万事なのではないでしょうか。

50

おとうさんやおかあさんを喜ばせる

　あなたが、いつのまにかせんたくものをとりこんでおいてくれると、おかあさんはびっくりして、どきどきするくらいうれしい。おとうさんがかえってくる時間を気にして、「おふろ、はいるよね」ってわかしてくれると、あなたのやさしさにむねがぎゅっとなる。ふしぎだね。あなたが自分で考えてやってくれることが、こんなにわたしたちをしあわせにしてくれる。

人に喜んでもらうことで幸福を知る子に

私は子どものころ、母親が夕食後、お風呂に入っているあいだに、大急ぎでお皿を洗っておき、あがってきた母親が喜んでくれるのを楽しみにしていたことがあります。「あら、洗っておいてくれたの。ありがとう」と喜んでくれる様子を思い浮かべて、胸がどきどきする思いでお皿を洗ったものでした。だれにも、似たような経験があるのではないでしょうか。

だいすきなおとうさん、おかあさんが喜んでくれることが、自分にとっての喜び。与えられるよりも与えることのほうが、ずっと喜びは深い。テストで100点を取りたいのも、リレーの選手に選ばれるのも、部屋の片づけをするのも、子どもにとっては達成感以上に「おかあさんが喜んでくれる」との思いが強いものでしょう。そこから一歩進んで、相手のためにできることはなにかを考え、行動できる子になってくれると、親としてはどんなにうれしいことか。

ささやかなこと――自発的に新聞を取っておいてくれた程度のことでも、「よく気がついたね。ありがとう、助かるわ」などとほめてあげましょう。余計なことでしょうが、あなたが家事も子育ても完璧にこなせる人であると、かえって子どもは手出しができません。たまにはほどほどに手抜きをすると、子どもにもできることが見つけられるかもしれませんね。

コラム　私の場合

うるさいおばさん　その1

私には、ありがたいことに「うるさい伯母さん」がいます。母親の姉夫婦なので、私にとっても身近な存在であり、かなり親しく行き来しています。そして、子どものいない伯母は、いつも自分の子のように私をかわいがってくれています。

いまはさすがにそうでもないけれど、子どものころや若いころには、この伯母夫婦の家に遊びに行くのは楽しみでもあり、ちょっと緊張することでもありました。なぜなら、ふたりとも、とてもしつけにうるさいから。とくに伯母の指摘することは、母の言うこととはまたちょっと違う厳しさがあり、伯母の家では私は身体のどこかが緊張しながら過ごすのでした。

たとえば、泊りがけで遊びに行ったとき。

「こんにちは」と家に入って、つい食卓の上にバッグを置いてしまったら「食卓に、外に持って出るものを置くんじゃありません」と注意される。食事の後片づけを手伝っていると、「食器を食器棚に入れるときは、音がしないように入れなさい。ずいぶん大きな音をさせていたじゃないの」。

お風呂に入らせてもらうと、「にぎやかな音がしていたけど、お風呂はしずかに入りなさい」。お風呂のあとに髪の毛をごみ箱に捨てておくと、「ティッシュにくるんで捨てなさい」。

「ああ、うるさい」と思いつつ、伯母と話すのは楽しくて喜んで遊びに行っていたのだから、つくづく、厳しさと親近感は両立するのですね。

2章

家の外での毎日のルール25

自分がされたらいやなことはしない、してもらったらうれしいことはする

2章では、家庭から外に出たときの「毎日のルール」を25、取り上げました。この章は、いわゆる「公共のルール」に属するようなルールが中心になっています。

家庭では家族という親しい関係の人を相手にしていればいいけれど、一歩外にでると、他人ばかりです。

学校や近所のように顔見知りや友達といっしょに過ごす場もあるし、電車のなかやお店などまったく見ず知らずの人といっしょに過ごす場もあります。そのような公共の場でどうやって他人同士が不快にならずにすごせるか。どちらの場合にしても、公共のルールは親が教えなければ、身につくものではないでしょう。

「公共のルール」といっても、家庭での毎日のルールと大きな違いはないように思います。要するに、人と人とが気持ちよくいっしょに過ごすためのルールなのだから。

ただ、なぜ赤の他人に対していいことをしなければならないのか、なぜ自分が損をしてでも相手のためを考えなければならないのか、なぜ自分がしたいことでも人がいやがることはしてはいけないのか。そういう疑問に、親がきっちりとした答えをもっているほうがいいと思います。

たとえ子どもが疑問として投げかけてこなくても、親が自信をもって言っているか、ただ口だけで言っているかは、言葉にこめられた強さの違いになって表れます。要するに、説得力が違ってくる。

なぜ他人のためを考えなければならないのか。

私は、他人にしてあげることでいずれ自分も同じことをしてもらえる世の中になるからだ、と捉えています。他人に席を譲れば、自分がつらいときには譲ってもらえる世の中になる。他人をつきとばせば、自分もつきとばされる世の中になる。

つまり、「自分がされたらいやなことはしない、自分がしてもらったらうれしいことはする」が、公共のルールの根幹ではないか、と思うのです。

これでは、あまりにもエゴイスティックに聞こえるでしょうか。でも、人は他人のためには動けない。まわりまわって自分のためになる、とか、自分が気持ちいい、とか、なにかいいことがなければ動けないのです。そこをごまかして、「みんなのために」「正しいことだから」ときれいごとを教えるよりも、親は「けっきょくは、あなたのためになる」と教えてもいいのだと思います。

51

人を指差さない

人をゆびさして「あの人、だれ？」なんてきくのは、失礼だよ。あなたは「だれ？」ってきいているだけでも、ゆびさされた人からすれば、いやなかんじがするものだからね。あなたがどんな話をしているのかは相手にはきこえない。「あの人って、へんな顔だね」っていわれているとかんちがいされてしまうかもしれないよ。

✿話題の的にされるのはいやなもの

だれかが遠くから自分のことを指差しているのに気づくと、とっさにいやな気持ちになるものです。指を指されている、ということは、なにか自分が話題にされているということです。自分の耳に入らないところで自分が話題にされているのは、たとえ悪口とはかぎらなくてもあまり気持ちのいいものではありません。

子どもは、無邪気に人を指差します。「あの人、だれ」「あの人、僕、知ってる」程度のことなのですが、そういうときには「人を指差すものじゃありません」とたしなめましょう。自分がされるといやな感じがするのはわかるはずですから、ちょっとたしなめればすぐに理解できることです。たしなめたあとに、「電柱のそばに立っている赤い服の人？」などと具体的に親がたずねれば、子どもは「そういうふうに言えば、わかるんだな」と気づくでしょう。

少し話が違いますが、「リモコン、どこにある？」ときいたときに「そこ」などと言ってあごで指すようなことをしたら、その場で「あごで指すとは、なにごとです」と叱るべきではないでしょうか。それはとても傲慢な態度だからです。身についてしまう前に、やめさせたいことです。

52

電車の中では立っていればいい

あなたは子どもなんだから席にすわらなくてもだいじょうぶでしょう？　あいている席をみつけたからといって、人をおしのけて乗って、さっさとすわるのははずかしいことだよ。ほかにつかれていてすわりたい人がいるかもしれないし、おとしよりだっているじゃない。子どもが「つかれた」なんていうものじゃないよ。

✸子どもを庇護しすぎない

このような物言いは、かつてはよく耳にしましたが、いまは逆になっているようです。子どもを先に電車に乗らせて、席を確保させる。両親は立っていて、見るからに健康な子どもを座らせる。老人が近くにいても、子どもは譲る必要がないかのように気にしないでいる場合もあります。

子どもは大人以上に忙しくて、疲れているのでしょうか。子どもは弱いから庇護してあげなければならないのでしょうか。考え方次第ですが、私は、「子どもは元気なもの」でいいと思います。現に、自分の体験でも、子どものうちは自分の身体が重くてしかたがないなんてことはなかったのに、年齢を重ねるにつれ、体力は衰え回復力も失われていくのですから……。

体力がついてくる7、8歳になったら「電車やバスでは、立っていればいい」と教えませんか。子ども連れで電車に乗ったとき、大人が席を譲ってくれたら、「子どもですから、だいじょうぶです」と断っても失礼ではないでしょう。もしさらに「でも、危ないから」などとすすめられたら、好意をありがたく受けて座らせてはいかがでしょうか。もし、家族で座っているところに老人や妊婦が乗ってきたら、「あなたが立ちなさい」と子どもを立たせればいいのです。

53

前の人がドアを押さえてくれたら「ありがとう」と言う

お店のドアをとおるとき、まえの人がドアをおさえておいてくれたら、あたりまえのようにとおらないこと。「ありがとう」といって、すこし急いでとおるんだ。もうすこし大きくなったら、こんどはあなたがつぎの人のためにドアをおさえてあげるといいね。うしろに人がいるかみて、その人がドアをおさえたら手をはなすんだよ。

公共のルールに自覚的な子に

大人のあいだでは、「手動のドアでは、次の人のためにドアを押さえておく」というルールが定着しつつあります。その一方で、礼儀正しくドアを押さえている人がいると、さっとすりぬけて通る人も目につきます。おそらく、その人はルールを知らないのでしょう。

子どもも、そんなルールは知らなくて、せっかく押さえていてくれてもささっと通り抜けたりしてしまいがち。多くのドアは重くできていて、子どもが自力で押さえるには危険なこともあるので、「前の人からドアを受け取って押さえておく」と教えるよりも「ありがとうと言いなさい」「待っていてくれるんだから、急ぎなさい」と教えましょう。

子どもの体格にもよりますが、小学校の中学年から高学年になれば、自力でドアを押さえられます。そのころには、「次の人のためにドアを押さえておくといいよ」「手を離すときには、うしろから人が来ていないか確認してから離すんだよ」と、ルールを教えればいいでしょう。

ほかにも、「電車やバスでは奥に詰める」「エスカレーターで片側を開けてあったら、その列には立たない」「エレベーターでボタン付近に立ったら、出る人のために『開』を押しておく」「ドア付近では立ち止まらない」など、公共のルールは親が少しずつ教えていきましょう。

54

人がものを落としたらひろってあげる

まえを歩いている人がなにかおとしたら、さっとひろってあげようね。すぐ近くだったら、「なにかおとしましたよ」と教えてあげるだけでもいいんだ。気がつかないで遠くにあるいていってしまったら、ひろってから走っていって「おとしものです」ってわたしてあげてね。気がついたタイミングでひろわないと、ひろうチャンスをのがしてしまうよ。

✿気がついたら教えてあげる親切を

「人に親切にする」とは、こういうささやかなことをしてあげることではないか、と思います。自分も労力をかけ相手に負担を感じさせながら力を貸すのは、立派なことではありますが、人間関係を円滑にする「親切」とはちょっと違う種類の行為でしょう。

ふつうに社会生活をしていて、お互いに気持ちよく暮らすには、軽やかな「親切」が自然にやりとりされるといいのではないでしょうか。どちらにとっても負担にならないけれども、その「親切」があることで物事がうまく進んだり、困らなくてすんだりするような行為は、いくらでもころがっているものです。

切符を駅で落とした人がいたらその場で教える。道をきかれたら、ていねいに答える。ベビーカーを抱えて階段で困っているお母さんがいたら、「手伝いましょうか」と声をかける。夏の盛りにお隣さんが「1週間ほど旅行に出ます」と言いにきたら、「よければ、花に水をやっておきましょうか」と提案する。

そういうことを、「私は『親切』をしているんだ」とも感じないくらいあたりまえにできる子になってくれたらいいですね。

55

レストランのテーブルにある調味料をいたずらしない

おさとうはつかうときに、自分がつかうぶんだけとりなさい。さわって遊ぶと、紙のふくろがくちゃくちゃになって、つぎにつかう人がいやでしょう？　つまようじや紙ナプキンでは、あそばない。あそぶためにおいてあるんじゃないんだよ。ようじは口に入れるものなんだから、手でさわったら不潔になるでしょう？

✱みんなで使うものは、みんなのもの

不思議と、子どもはレストランの調味料や爪楊枝、メニューなどの備品に興味を持ちます。あかちゃんのうちは手当たり次第に触って遊ぶのを親が遠ざければすみますが、大きくなってくると遊ぶ道具にしはじめるのでやっかいです。

なんでもおもちゃにできるのは、子どもの柔軟性の証。家庭であれば、空いたペットボトルをおもちゃにしたり、お菓子を結んであった紐やきれいな包装紙でなにか作ったりできるのは、とてもすてきなことです。

そういう部分はじょうずにほめてあげつつ、外では「みんなで使うものは、おもちゃにしてはいけません」と区別してやりましょう。

わが家では、子どもが小さいころ、一人ひとりに出される紙のランチョンマットではよく遊びました。裏返して、鉛筆で点点をつけて、「三角取り」という遊びをしながら料理が出てくるのを待つのです。割り箸の袋を切って折り紙にするのも、子どもは喜びます。

そういう遊びをしたときも、あとを片づける人がきたなく感じないように、紙の切れ端はもって帰るかまとめておくなどの配慮をしておくといいと思います。

56

近所の人に会ったら「こんにちは」と言う

外で知っている人にあったら「こんにちは」といってね。「こんにちは」っていうのがはずかしかったら、ちいさく頭をさげるだけでもいいんだよ。頭をさげるのを、「えしゃく」っていうんだ。うつむいて、だまってとおりすぎないでね。せっかくあなたに気がついてくれた人が、「あいたくなかったのかな」ってざんねんに思うよ。

顔見知りには挨拶するもの

街中でばったり知人に会ったとき、相手がこちらを見つけた瞬間にぱっとにこにこして「こんにちは」と言ってくれると、あたたかい気持ちになります。「ああ、この人は私に会ったことを喜んでくれるんだな」と幸せになる。逆に、ご近所の人が挨拶してくれないのを不安に思う話も、よく聞きます。こちらが玄関を開ける気配があると、さっとひっこむ人。エレベーターホールですれ違うときに、下を向いて避けるようにする人。「きらわれているのかな」と不安に思いつつ、「ご近所づきあいが苦手なんだろう」と理解しようとする人が多いようです。

「挨拶」は人づき合いの意思表示になる。子どものうちから、「顔見知りには挨拶するもの」が習慣になると、それだけで人に好かれる人に育ってくれるに違いありません。

それに、不審者など不安の多い昨今、近所の人が自分の子の顔を見知っていてくれるのは、なによりも安心なこと。また、身内や友だち、先生など素性をよく知っている関係ではない「顔見知り」とのつきあい方になれた子どもは、他人との距離感に敏感になってくれるのではないかと思います。他人が親しみを持っているか、危害を加えようとしているか、を直感的に悟れる感覚も、こんにちではとても重要なものでしょう。

57

質問に答えるときは「です」をつける

しんせきのおじさんに「おおきくなったね、何歳だい」ときかれたら「7歳」じゃなくて「7歳です」と返事をしようね。先生が「たいそう服をもってきましたか」とたずねたら、「もってきた」じゃなくて「もってきました」と答えてね。子どもがおとなにむかって、ぞんざいにしゃべるのは、みっともないことだよ。ていねいなことばづかいは、あなたをかしこくみせるよ。

✿大人は子どもの「友だち」ではない

子どもが大人にタメ口をきくのは、みっともないこと。大人が子どものごきげんを取るのも、恥ずかしいこと。子どもは大人の友だちではないのです。どんなに親しみをもっている叔父さんでも、頼りになる兄貴のような先生でも、ご近所のやさしいお姉さんでも、子どもが大人に話すときにはていねいな言葉づかいをするべきです。いまどき、私のほうが世間からずれていると認めてしまえばそれまでですが、このことに関しては、もう一度、暮らしの「作法」としてとり戻したい習慣だと声を大にして言いたいと思っています。

いくら心が通いあっていても、いくら仲良しでも、大人と子どものあいだには歴然とした違いがあります。経験の違い、知識の違い、世界の広さの違い。その違いを「ない」ものと見なすのは、いいこととは思えません。「ある」からこそ、そこに教えてもらう喜びが生まれたり、違う世界を垣間見る愉しみがあったりする。

へんに、ごていねいすぎる敬語を使うことはありません。質問されて答えるとき、頼みごとをするときに「ですます」で答える。きちんとした挨拶をする。同年代の友だちに使うような言葉は使わない。呼び捨てにしない。その程度で、あとはふつうでいいのでは。

58

友だちに痛い思いをさせたら「ごめんね」と言う

お友だちとあそんでいてボールをぶつけてしまったり、お友だちのもっている本をとろうとしてひっかいてしまったりすること、あるよね。そういうときは、すぐに「ごめんね」といおうね。わざとじゃないのはわかっていても、お友だちはいたい思いをしたんだから。「すぐに本をくれない○○ちゃんが悪いのに」なんていわないで。「ごめんね」っていえる人のほうが、強いんだよ。

✳友だちだから言いにくい言葉

友だちとは、いわば同等の力関係です。親に向かってなら言える「ごめんなさい」も、友だち同士だと変なプライドがあって言えないこともあるものです。謝ると、まるで相手に負けてしまったような悔しさを感じることもよくあるようです。

でも、「負けるが勝ち」とも言うように、先に謝ってしまったほうが「勝ち」なのです。子どもにも「先に謝ったほうが、強い子なんだよ」と教えればいいのではないでしょうか。

そもそも、「ぶつかった」「物があたった」程度のことで、「わざとした」「だれのせい」などを問題にするのは了見の狭すぎる話です。子どもであっても、じくじくとこだわらずに、「あ、ごめんね」とさらっといえたほうが変にこじれなくて気持ちがいいはずです。もちろん、された側になったときも「もう、いいよ」とぱっと言えるといいですね。

無用ないさかいはじょうずに避けたほうがいい。けれども、日々のなかで、ときにはほんとうに腰をすえて闘わねばならないときや、「私の意見を通してくれ」と主張しなければならないときがくるかもしれません。そういうときは、へこたれずに徹底的にがんばる。子どもには、そういう強い人になってほしいものです。

59

友だちと別れるときは「さよなら」と言う

お友だちとわかれるときには、「さよなら」といおうね。「また、あしたもあおうね」という気持ちをこめて。「バイバイ」もいいけど、おかあさんは「さよなら」っていうことばが好きだな。「さようなら」って、「そうならば」という気持ちなんだ。ほんとうはおわかれしたくないけど、もう時間ならば、しかたがないからおわかれしましょう、ってね。すてきなことばでしょう。

別れを惜しむ気持ちの表れだから

夏休みや連休などに、たまに会う従兄弟や遠くの友達と一日遊んだ子どもは、別れるときになって泣き出すことがあります。私にも覚えがありますが、切なくて、さびしくて、別れたくなくて、でももうお別れしなければいけないこともわかっていて……。旅立ちや引越しのように大きな「お別れ」でなくても、別れはさびしいものです。

大人になって慣れてしまえば、理性が勝ってさびしさを感じなくなっていきます。明日また学校で会える友だちとでも、別れるときにはちょっとしたさびしさを感じられる心のやわらかさは、子ども時代だけの特権かもしれません。だから、子どものうちにこそ、私は「さようなら」という言葉の持つ美しさを感じてほしいと思います。元気に「バイバイ」と手を振って別れる姿もいいものですが、「さようなら」と言わせる機会を作りましょう。

「さようなら」とは、「然様《さよう》ならば、心が残りますが、これでお別れいたしましょう」という別れの気持ちが詰まった言葉です。言葉は気持ちを深める作用があります。日常的にこの美しい言葉を使える子どもは、きっと人の心の痛みをわかるやさしい子になってくれるのではないか、などと思うのです。

60

レストランではおさらを落とした人のことを見ない

だれかがおさらをおとして「がちゃん」ってすごい音がしても、ふりかえってじろじろみるのは失礼だよ。そういうときは、気がつかないふりをして、みないのが礼儀なんだ。道で人が転んだのを見ても、わらったりしちゃだめだよ。近くにいたら、「けがはないですか」って手をかしてあげるくらいじゃなきゃ、はずかしいよ。

✿人の失敗は見て見ぬふりをする

「よく気がつくね」というほめ言葉はありますが、私は「気がつかない（ふりをする）」美徳も、とてもたいせつであると思います。とくに人の失敗は、見て見ぬふりをするのが礼儀です。

レストランでお皿やカトラリーを落とす、洋服売り場で積んであった服を落とすなどの失敗を見かけたときは、接客する人がいる場所なので手伝う必要はありません。一方、階段で転んだ、電車のなかで荷物をとり落としたなどの失敗を見かけたとき、近くにいたなら、すぐに手伝ってあげたいもの。親が子どもといっしょにいるときに見かけたら、子どもに「拾ってあげようね」などと声をかけて対応を教えてやるいいチャンスです。

子ども同士の関係でも、「あーっ、○○くんが××した」とすぐ大騒ぎしたり、告げ口したりする子はいやがられます。靴下の左右をまちがえてはいてきてしまった子がいたら、みんなの前で笑うのではなく、こっそり「靴下が違ってるよ」と教えてあげられるやさしさは「見て見ぬふり」から始まるように思います。「見て見ぬふり」が悪いほうに発揮されては困りますが、要するに、当人がまわりに気づいてほしいと思っているか、気づかないでほしいと思っているかの違いです。その違いに気づくのは、そうむずかしいことではありません。

61

電車に乗るときは降りる人を先に通す

電車にのるときは、おりる人が先、のる人があと。でないと、おりたい人がおりられないでしょう。ホームでは、列にならんでまって、わりこまないでね。自分のことだけじゃなくて、みんなのことも考えて行動してね。電車って、知らない人どうしがいっしょに乗りあわせるでしょう？　だから、人がいやだと思うようなことはしないのがルールなんだ。

✳電車の乗りかたは親が教える

電車内のマナーに関しては、一般にいろいろな問題点が指摘されます。先を争って乗る、人の足を踏んでも謝らない、大きく膝を開いて座る、大声で話している、床にべったり座っている、化粧をしている、バックパックがぶつかっても気がつかない、濡れた傘が当たっても知らんぷり……。こうしてあげてもきりがないほどです。

なぜ、こんな事態になっているのでしょうか。マナーの悪い人が増えたのでしょうか。私は、いまの世の中には、知らない人同士がいっしょにすごすためのルールがないためだと思います。戦後、街や住宅地が劇的に変わるなかで、公共のルールを作っている暇がなかったのでしょう。だから、電車内のルールをよくしたいなら、いま、子どもを育てている親ががんばるしかないのです。大人になってしまった私たちにはだれも教えてくれないけれど、子どもは親から教わることができる。「社会」や「学校」に任せておかないで、親が子のためにきっちり教えることで、次の時代には公共のマナーがよい世の中になるはずです。

考え方としては、自分がされたらいやに感じることはしない、自分がしてほしいことはする。そう教えてはいかがでしょうか。

62

電車でお年寄りをみたら席を譲る

電車ですわっているときに、おとしよりがのってきたら、「どうぞ」と声をかけて席をゆずろうね。みかけたらすぐに声をかけると、はずかしくないよ。あかちゃんをだいたおかあさんや、おなかのおおきな女の人、けがをしてつえをついている人をみかけたときも、おなじだよ。強い人は弱い人をまもってあげるのは、大事なルールなんだ。

なんだか電車のなかでのルールばかりとりあげているようですが、「電車の中」とは、要するに、子どもが「家」を出て、家族以外の知らない人といっしょにすごすはじめての「社会」だ、ということです。電車のなかでのルールが身についたら、どんな公共の場所——学校や近所のように友達や顔見知りとすごす「所属する公共の場」や、「電車」「レストラン」のようにまったく知らない人とすごす「一時的にいる公共の場」がありますが——にいても、礼儀正しくふるまえる人になれるでしょう。

知らない人どうしがすごす場では、お互いに気持ちよくすごすための暗黙のルールがあります。この章全体に共通する「自分がされたらいやなことはしない、してもらったらうれしいことはする」もそうだし、「強い人が弱い人を守る」というのもたいせつなルールです。

親子の関係だと、子どもは弱者扱いされます。でも、公共の場にいくと、子どもよりも体力の弱いお年寄り、あかちゃんを抱いていて動きの取れない女性など、もっと弱い人がいる。そういう人に対して、強い人として手をさしのべられる子になってほしい。手をさしのべて、「ありがとう」と感謝されたときのいい気持ちを知っている子になってほしいですね。

63

自転車のベルを鳴らすのは非常事態だけにする

道をあるいていて、うしろからいきなりリンリン！　ってじてんしゃのベルをならされたら、びっくりするよね。びっくりしたついでに、ころんじゃうかもしれない。あなたも、じてんしゃに乗っているときに、いきなりベルをならすのはやめようね。「すみません」って口でいえばいいんだ。まがり角のむこうが見えないときとかの非常事態《ひじょうじたい》だったら、ならせばいいからね。

✿人をおどかすようなことはしない

大きな音でベルを鳴らしたり大きな声で叫んだりといった行動は、人を驚かすだけでなく、ある種の脅かしにもなりえます。子どもにはそういう作用を教えておきましょう。護身用の防犯ベルを持たせるならば、そのついでに「大きな音」の利点と欠点を併せて教えるのもいいと思います。防犯ベルは大きな音で悪い人を脅かすためにあるのだから。

狭い道に人が歩いていて自転車が通れない。ベルを鳴らしたいときは、どうすべきでしょう。いろいろな方法がありますが、「すみません、通してください」と声を出す、いったん自分が降りて人を通してからまた乗る。そのどちらかでいいのではないでしょうか。

前項でも書いたことですが、公共のルールには、「強い人（物）は弱い人（物）を守る」という要素があります。自転車と人とでは、人のほうが弱いもの。だから自転車に乗るときは、人を守り、譲るように動くほうがいい。

子どもであっても、自転車に乗ると強くなります。世の中で強い立場になったときに、まわりに配慮できるかどうか。それは、子どものときのこんなささやかな日常の注意から身につくのではないでしょうか。

64

たまには手紙を書こう

いつも電話で話しているおじいちゃんだけど、こんどのお誕生日には手紙を書いてみようか。「おたんじょうび、おめでとう。これからも、げんきでいてね」だけでもいいんだよ。手紙と電話はちょっとちがうかんじがするよね。電話は声がきける。手紙は声はきけないけど、あなたがおじいちゃんを思う心がしっかり伝わるんじゃないかな。気持ちを伝えたいときには、手紙もいいよね。

✳手紙の楽しみを教える

最初は電話やファクス、つぎにパソコンでインターネットやメール、そして携帯電話と、子どもは使う道具を広げていきます。人とのコミュニケーションだけを考えれば、それらの道具で事足りるでしょう。とはいえ、便利な道具がたくさんある世の中だから、「手紙」というめんどうくさい道具の価値を親が気づかせてやるとよいのではないでしょうか。手紙ほど気持ちを伝えられる道具はないように思います。

誕生日プレゼントを受け取ったときや、だれかの家に遊びに行って帰ってきたときに、お礼状を書くのもよいでしょう。ただ、昨今では「受け取ったよ」「いま、無事に帰ったよ」という報告をかねて電話でお礼を伝えるのが一般的です。電話をしないと心配させることになるかもしれません。おすすめは、相手のお誕生日や敬老の日などのお祝いごとのとき。前もってゆっくり書けるし、受け取ったほうから「手紙、届いたよ。ありがとう」などと電話がくれば、子どもも「書いてよかった」と実感するでしょう。

手紙を書かせるときには、最低限の手紙の作法を教えてやりましょう。鉛筆ではなくペンで書く、宛名をまちがえたら書き直す、などです。きれいな切手を貼ってみるのもいいですね。

65

違うクラスの子とも遊ぶ

○○くんはおなじ1年3組じゃなくて2組だからあそばない、って変だよ。クラスはちがっても、おなじなかまじゃない。△△くんは、まだようちえんだから入れてあげない、って仲間はずれにしたら、かわいそうでしょう。おしえてあげれば、いっしょにゲームだってできるはずだよ。おかあさんは、あなたに、だれとでもなかよくあそべる子になってほしい。

人をグループ分けしてみることのないように

小学生くらいになると、子どもは社会性が出てきます。それと同時に、「同じクラス・違うクラス」「同じ学校・違う学校」「女の子・男の子」「同じマンション・遠くの家」など、仲間をグループ分けして「こっち側・あっち側」と区別するようになりだします。それは、自然ななりゆきなのでしょう。世界を分類することから知識は始まるものであり、「分類」とはおのずと「自分の属するこちら側・自分は属さないあちら側」といった発想を呼びよせるからです。

親としては、自然ななりゆきにまかせつつ、それが「差別意識」につながらないようにじょうずに導いてあげたいですね。「野球が好きな○○くん」「サッカーが好きな△△くん」などの区別は個性の違いであって認めるのがいい。でも、クラスや年齢、性別などの違いは個性とは関係ない属性にすぎません。親の仕事もそうだし、昔であれば家柄も属性です。たまたま生まれついたか、たまたま所属しているだけのものなのに、そんなつまらないことで人を区別していては、けっきょく本人の世界を狭くする。

「私は○○さんが好きだ」「私はこの仕事が好きだ」と自分に合ったものを見つけている能力は、まずはフラットに世の中に対峙できる能力からはじまるのです。

66

勝負に勝ってもいばらない、負けてもおこらない

ゲームやトランプがしたいなら、「勝負のルール」を守ること。かっているときには、じまんしたり、相手をばかにしたりしない。まけているときには、ないたり、おこったり、「もう、やめた」って勝負をほうりだしたりしない。かった人は「たのしかったね、またやろうね」といい、まけた人は「きみ、つよかったね。こんどはまけないよ」といって、きもちよくおわらせること。

✿感情的になる人がいるとゲームはだいなしになる

友だち同士でゲームをして遊んでいるときに、よくいざこざが起きるものです。たいがいは、負けているほうが泣き出したり、怒り出したり、「もう、やめる！」と離れていったりして、もめはじめます。いざこざが起きかけたのを発見したら、「勝負のルール」を教えてやりましょう。「ゲーム」として遊んでいるのだから、楽しく遊べるようにどのように努力すればいいのか、教えるわけです。いうまでもなく、自分の子が勝っていても負けていても、関係ありません。そして、「勝負のルール」が守れないなら、「もうゲームはしてはいけません」と禁じたほうがいいでしょう。

よく考えてみると、人生は勝負の連続のようなものです。目に見える勝負もあれば、目に見えない勝負もある。どういうときでも、感情的にならずに、舞い上がったり自暴自棄になったりして自分を見失うことなく、懸命に状況に対処することが次につながる道を作ります。ややおおげさに言えば、「人生」というゲームを乗り切るすべは、子どものうちに、生身の人間相手に遊ぶゲームを繰り返すことで身につくのかもしれません。

パソコン相手のゲームでは、そんなリアルなすべは身につかないのだと思います。

67

人がずるをしていてもまねしない

ずるって、いいことじゃないよね。そんなこと、あなたもよく知っているよね。それなのに、人がずるしていると、「得していいな」と思うのは、なぜだろう。行列にわりこむ人がいると、まねしたくなるのは、なぜなのかな。ルールをまもっているじぶんのほうが損している気がするから？　そんな得はくだらない。くだらない得をして、心が損するのは、とてもかなしいことだよ。

✳目先の損得で行動しない

　子どもは「ずる」に敏感です。家庭にあってもそうですが、世の中に触れていろいろな人を知るにつれ、「ずるだ」と感じる行為を見る機会も増えてきます。まだ「ずる」に対してナイーブな正義感をもっている時期に、子どもが「ずるだ」と感じるシーンに出会っていたら、親として「ずるはよくない」としっかり伝えませんか。

「よくない」という善悪の価値観だけでは、説得力はないかもしれません。多少、悪いことでも警察につかまるような犯罪でなければやったっていいじゃない、と考えるなら、そんな考え方を否定するのはむずかしいことです。でも、損得で考えても、人を出し抜くことで手に入る「得」など、たかが知れているのではないでしょうか。「あいつはずるいやつだ」と信用されなくなる「損」や「ほんとうの力ではない」と自覚している「損」と「得」とを秤にかければ、長期的には「損」のほうが大きいに違いありません。

　もちろん、それでも清廉潔白でいるのはばからしい、知恵を使わなきゃ、という選択もありえます。それならば、自分の知恵でずるをすべきでしょう。人まねのずるは最低。まねしかできないなら、やはりずるはしてはいけないのです。

68

授業中には勝手に席を立たない

なぜ学校に行くのか、わかる？あなたは子どもで、知らないことがたくさんある。おとうさんやおかあさんは、あなたが一人前のおとなになれるように、いろんなことを教えたり、食事や洋服を用意してあげている。先生は、あなたが一人前にはたらいてものごとを決められるように知識をさずけてくれる。だから、授業中にはじっとすわって、先生のはなしをしずかにきくものだよ。

ものを教えてもらうにはそれなりの態度で

「先生は尊敬すべきだ」という価値観は、どこに行ってしまったのでしょうか。戦後に生まれた団塊世代が学生になったころ、学園ドラマがさかんに作られました。そこで描かれていたのは、兄貴のような先生が友だちみたいに生徒とつきあう、新しい師弟の関係でした。そのころがはじまりだったのでしょう。ただし、当時の生徒や学生の考え方の根底には、戦前の価値観が根づいていたように思います。なぜなら、彼らの親世代は「三歩下がって師の影を踏まず」の時代の価値観をもった人たちだったのだから。「先生は尊敬するもの」という考え方に反抗したとしても、反抗できるくらいにはその考え方になじんでいたわけです。

ところが、いまの私たちには、「先生は尊敬するもの」という考え方のほうが新鮮なくらいです。「先生は友だち」のほうが、あたりまえの考え方になっている。もちろん「友だち」でおおいにけっこうなのですが、たとえ友だちであっても、ものを教わる以上はそこに尊敬の念があってしかるべきではないでしょうか。そして、真剣に教えを聞く態度も。

子どもには、「先生とは仲よくしようね」でいい。ただ同時に「授業中は先生を見る。勝手に席を立たない。真剣に話を聞く」ということも、親がしつけとして教えたいものです。

69

「テレビで言っていた」と言わない

テレビで「地球をたいせつに」といっているからといって、すぐに「地球をたいせつにしなきゃいけないんだよ」というのは、ちょっとまって。テレビでいっていることは、なんでも信じていいの？　あなたはなぜそう思うのか、いえるかな。「テレビで見た」っていうのも、どうだろう。じぶんの目で見たわけでもないのに、かんたんに信じるのはよくないね。

✿情報は鵜呑みにしない姿勢を身につける

テレビや新聞、雑誌、本、インターネット……いまの世の中に生まれついた以上は、情報との接し方を子どものうちから身につけておく必要があります。情報の読み書き能力のことを「メディア・リテラシー」と言います。

子どもが小さいころ、「僕、マンモスを見たことがある」などと言うので「見たことなんて、ないでしょう」とたしなめたことがあります。よく話を聞いたら、テレビで見たのとほんとうに見たのとの区別がついていないだけだったのでした。経験の少ない時期から間接的な情報をたくさん見聞きする環境に育つ子どもたちは、つねに混乱する危険にさらされているのかもしれません。「自分の目で見、耳で聞いたこと」「自分の頭で考えたこと」と、「メディアを通して見聞きしたこと」「メディアに書いてあった考え」とは、厳密に区別したほうがいい。まだ子どものうちに、ささやかなことから、その違いをはっきりと意識させましょう。

たとえ「地球を大切に」のように、主旨としては親も賛成することであっても、鵜呑みにしたセリフを子どもが垂れ流しているならば、注意したいものです。「どうしてかな」「だれが言っていたの」などと、さりげなくたずねてみるのがいいようです。

70

ごみはポケットにしまう

キャンディを食べるとき、つつみがみをすてるごみばこがみあたらなかったら、ポケットにしまっておきなさい。ごみを道にすてては、いけません。ごみばこがみつかったら、ポケットからだしてすてればいいこと。べたべたくっつくガムは、かみに包んでごみばこに入れてね。ごみばこをそうじする人にガムがくっついたら、いやでしょう。

✻ごみは自分で始末する

あまりにもあたりまえのことですが、なぜか公共の場所になると守れない人が少なくないのが「ごみの始末」。すでにごみが散乱している道端なら捨ててもかまわない気がしたり、ごみがあふれてこぼれているごみ箱にさらに上に乗せても「ごみ箱なんだから」と気にならないのは、まあだれでも思いあたる感覚ではないでしょうか。なかなか、マナーを守るのはむずかしいものです。せめて子どもには、建前を守らせる訓練をしませんか。

大人になったときに、車の窓からごみの入ったビニール袋を放り投げる人にはならないように、ごみはごみ箱へ。ごみ箱がなければ、ポケットへ。

昔の人は、食べ終わったお弁当の包みにしても、ていねいにごみにしていたように思います。しばってあった紐できっちり小さく包みなおして、散乱しないようにして捨てる。人目に触れてほしくないものは、簡単に包んで隠して捨てる。日常のごみの出し方にしても、老人のいるお宅のごみはていねいに包んであります。

かんだガムをそのままぽとんとごみ箱に入れるような捨て方は、その場で叱って「紙に包みなさい」と教えましょう。

71

お店の品物にやたらにさわらない

お店で売っているものを、べたべたさわるんじゃありません。その品物は、べつのだれかが買うものだよ。あなただって、きれいなものを買いたいでしょう？　それに、きたなくしたら、だれも買わないかもしれない。だれにも買ってもらえない品物は、かわいそうじゃない。もし買いたいものがあったら、ていねいにさわってね。

買い物にもルールがある

日常の買い物にも、ルールがあります。ふだんは意識することもないでしょうが、改めて考えてみてください。

お店に並んでいるものは、ていねいに扱う。果物など傷みやすいものでなくても同じです。手に取ったけれども買わないものは、きちんと元に戻す。陳列されている品物は、手前から取る。奥のほうが新しそうだ、とぐちゃぐちゃにするのはルール違反。お金を払って買ったものは、それなりの理由がなければ返すものではない。「壊れていた」などの理由なら返品してもいいけれど、「やっぱり気に入らなかった」などの理由で返すのはお店の人に迷惑をかける。

ほかにもいろいろあるでしょうが、そういう買い物のルールを子どもにも伝えておきましょう。できれば、店員さんとの接し方——ケチャップの売り場がわからなければ店員さんにきけばいい、とか、魚をさばいてほしいときは頼めばいいが「お世話さま」とお礼を言う、とか——も見せて教えてやれるといいですね。

付け加えれば、インターネットでの通販の使い方も、いずれ身につけなければならないことです。子どもの服などを通販で買うときに、いっしょにやってみてはいかがでしょうか。

72

清潔なハンカチをもつ

あなたが人からきちんとした子に見られたいなら、きちんとしたかっこうをしなさい。つめはみじかく切って、はみがきをして。かみの毛はちゃんととかして、くつしたはずりおちたらあげておく。せいけつな服を着て、せいけつなハンカチをもって。人はまずあなたの外見をみる。いくらあなたがいい子でも、中身をわかってくれる人ばかりではないのだから。

✿きちんとした服装をする

服装は、寒さをしのぎ身体を隠すため、といったほんらいの役目を超えて、「自分はこういう人です」とまわりに知らせる役目をもっています。そして、いまの世の中では、「まわりに知らせる」という役目については少々、忘れられていて、「自分はこういう人」と自分で自分を確認するために装うことが多くなっているようです。

自分の好きな格好であればそれでいい、のではないはずです。まわりの人にどう見られるかを気にするのは、悪いことではありません。そもそも「中身で勝負」なんていったって、勝負できるほどの中身は、子どもにはありません。いや、私などは、大人になっても勝負できるほどの中身があるかどうかがあやしいかぎり。もしかしたら、だいたいみなさん、似たようなものではないでしょうか。人目を気にして装うのは、たいせつなこと。外見は自分の評価につながる、と、シビアな現実を子どものうちに教えておいてやりましょう。

きちんと身だしなみを整えておくこと、清潔な服を着ること、学校には学校らしく遊びには遊びらしい服装でいること。なにも高価な服で装ったり、小学生のうちからお化粧する必要はないのです。歳に似合わない装いは、かえってかっこわるいと教えてあげましょう。

73

背筋を伸ばして座る

むねをはって、せすじを伸ばしてすわりなさい。しっかりと頭をもたげて、口はしっかりとじて。おかあさんは、あなたはどんな人にたいしても、どんなばしょにいっても、はじるところのないりっぱな子だとほこりに思っている。だから、どうどうとふるまって。きちんとしたふるまいが、あなたをもっとりっぱな人にみせてくれるんだよ。

✳きちんとしたふるまいには、おのずと中身がついてくる

電車のなかにきちんと膝をそろえ、背中をまっすぐにして座っている小さな子がいると、目を引きます。きちんと育てられた子なんだな、どんな家族なんだろう、と思います。格好もそうですが、ふるまいも、その人の中身を表すもの。そして、きちんとしたふるまいをしているうちに、中身ももっとよくなっていく働きがあるのではないでしょうか。

かつて、親や学校は、美しいふるまいを仕込むことに熱心でした。ぴんと背筋を伸ばして座る、目上の人に会ったらおじきをする、ぽかんと口を開けておかずしっかり閉じる、壁に寄りかかったりしないでまっすぐに立つ……。こううるさく仕込んだのは、ふるまいが心に働きかける力をよく知っていたからでしょう。

今日では、子どもはそういうことを教えられずに育ちます。よほどしつけにうるさい私立学校なら別でしょうが、家庭でも公共の場でも、だらしないふるまいをしても注意されることはありません。そんな子どもたちは、たいせつなことを知らずに育つのだからかわいそうです。身につくまでには時間がかかり、親は口うるさく言うのにうんざりするかもしれません。でも、きちんとしたふるまいを子どもの身につけさせるのは、親しかいないのではないでしょうか。

74

ひとりぼっちの子がいたら声をかけてあげる

あなたがだれかとお友だちになりたいなら、自分から「友だちになろうよ」「いっしょにあそばない？」って声をかければいいんだよ。勇気がいるけど、その子もぜったいによろこんでくれるから。もし、ひとりぼっちでさびしそうにしている子がいたら、「いっしょにあそぼう」ってさそってあげてね。自分から「友だちになって」って、いえない子もいるんだよ。

孤独から脱出するには自分が動くしかない

学校を変わるとき、クラス替えのとき、子どもにとっては友だちができるかどうかが大問題です。じっさいのところ、大人になっても同じことです。会社を変わるとき、なにかのパーティに出席するとき、じょうずに人とつきあっていけるかどうかは大問題。

陽性の資質をもっていて、親が導かなくてもたくさんの友だちを作れる子もいます。恥ずかしがりやで、なかなか人の輪に入っていけない子もいます。自分の子どもがどちらの資質をもっているにしても、自分から動くことのたいせつさを教えてやりましょう。

アメリカの映画やドラマを観ていると、パーティなどで自分から積極的に声をかけていく習慣の根づいた文化なんだなあ、と思います。異人種、異文化がまじりあう国で、待っていては存在に気づいてもらえない、黙っていては自分をわかってもらえない、という切迫した事情がそういう習慣を根づかせたのだと思います。私たちは、「以心伝心」の文化に生きる民族です。どうがんばっても、その資質からは逃れられないでしょう。でも、「以心伝心」では孤独からは救われないこともたしかではないでしょうか。「自分が動けばその気持ちは相手に伝わる」、そう信じて、子どもにも自分が動く勇気をもつように励ましてやりましょう。

75

友だちとけんかしたら「仲直りしたい」というサインを送る

友だちとけんかすると、仲なおりするのがむずかしいんだよね。あやまるのはくやしいし、お友だちはまだおこっているみたいだし。そんなときは「仲なおりしたいよ」ってサインを送るんだ。目があったらにこってわらうとか、帰りにいっしょになるように教室を出るとか、「宿題どこだっけ」って話しかけるとか。友だちも仲なおりしたいんだから、サインにこたえてくれるはずだよ。

求めよ、されば与えられん

親がどんなに子どものために道を整えてやろうとも、けっきょくは、子どもは自分の道を自分で拓いていくしかありません。用意された道を歩むだけの日々は、不安もないかわりに生き生きとした喜びもない。失敗もないけれど、ものごとを獲得していくときの胸躍る思いもない。私は、息子と娘を、いずれ家から追い出すために育てているのだ、と自分に言い聞かせます。彼らが自分の手で日々の糧を稼ぎはじめるころには、たとえ内心では心配がつきなくても、明るい声で「これからは、あなた一人でもだいじょうぶ」と送り出したいのです。

この本では、一人前の大人として安心して世の中に送り出せるように、身につけておいてほしいことをあげてきました。いろいろ細かい項目もありますが、最終的には、子どもには自ら求めていける力をもってほしいと願っています。友だちと仲直りしたいなら、自分から彼を求めていく。やりがいのある仕事をしたいなら、自分からそれを求めて動いていける。

ときに、もやもやした「なにか」が胸を苦しくさせることもあるでしょう。自分がなにを求めているかを考え、果敢に求めていけば、必ずその先には道が開ける。そう信じられる人になれるように、子どものうちに「よかった」と思う経験を作ってやりませんか。

コラム　私の場合

うるさいおばさん　その2

伯母夫婦の場合は同居していたわけではありませんが、家のなかに両親以外の大人がいる、とは、私たちが想像する以上にたいせつなことなのではないか、と伯母夫婦の存在から考えるようになりました。

親の目が届かないところに気づいたり、親はうんざりして言わなくなったことでもしつこく言ってくれたり。親の価値観とは違う別の大人の価値観を示してくれて、「自分にとっては、どっちが納得できるのか」といろいろな方向から考える助けとなってくれたり。

いまの生活で、祖父母と同居できている子は幸せです。祖父母だけでなく、身内の大人といっしょに生活できる子どもは、ほんとうに幸せだと思います。

私の仕事であるマーケティングの世界では、「6ポケット」などといって、子どもが減っている今、一人の子どもに6人の大人（両親とそれぞれの祖父母）がお金を出す、と言われています。いまどきは、「カネは出すけど、口は出さない」関係が増えているようにも思います。

私にも甥、姪ができたけれど、別々の家庭をもっていると、そこまで立ち入らないほうがいい気がして、子どもたちに注意することはあまりありません。気がつくことがあっても、「まあ、親の考え方もあるし」と逃げてしまっています。

でも、自分の子どもが大きくなってくるにつれ、「それでは、よくない」と思うようになりました。子どものことを思うなら、めんどうくさくても「うるさい叔母さん」になろう。せめて近所の子に対しても「うるさいおばさん」になろうと心を入れ替えています。

3章

おとうさん、おかあさんへ25のこと

親は子どものお手本でいる、でも完璧な大人でなくてもいい

3章は、おとうさん、おかあさんのための25の「毎日のルール」です。

子どものころ、親はりっぱな大人で、子どもとはぜんぜん違う大きな存在に感じていたのに、自分がいざ親になってみると、どうでしょう。子どものころとたいして変わらない自分がいます。

自分自身のことでも、迷い、悩み、どうしていいかわからない。日常のこと、仕事のことでも、うっかりまちがえたり、忘れたり、うまくできないこともたくさんあります。

「こんな私が親として、子どもに何を教えられるのか」と思いたくなるというものです。せめて、子どもにはよい教育を与え、英会話、ピアノなどの音楽、スイミングなどの身体の能力を身につけさせてやれば、子どもは持っている能力を伸ばせるのではないか、そして豊かな人生を歩めるのではないか、と期待したくなります。

でも、親は親なのだから、それだけで子どもにとって大きな存在なのではないでしょうか。身近にいてやるだけで、子どもは親からなにかを学び取ります。親自身が意識していないことでも、子どもは見て学ぶ。意識しない言葉からも、なにかを聞き取る。

子どもは親をお手本にするのです。一番身近な大人として、「こういうふ

うにふるまえばいいんだ」「ものごとはこう考えるんだ」と、日々の暮らしから学びとっていく。だから、親は、ゆらぐことなく自分の考えを子どもに誠実に伝えていけばよいし、自分の行動する姿をそのままに見せればいいのではないでしょうか。

　そして、子どもはいつか、お手本を越えていきます。「おかあさんはこうやっていたけど、私はこうしたい」「おとうさんの考えは、私とは違う」などと、自らの力で考えはじめてくれるでしょう。

　その意味で、親はお手本であればよくて、「完璧な大人」である必要などまったくないのです。親が伝えた言葉や見せた行動によって、子どもは「おかあさんはこうしていた」「おとうさんはこう言っていた」という具体的な指針を身につけます。それを軸に、あとは自分で考えていくでしょう。

　この章で取り上げた「毎日のルール」は、親が子どもと接するときのためのルールです。「お手本であればいい」とはいえ、どの程度、強制的であればいいのか、どの程度、ものわかりがよいほうがいいのか、迷うときに参考にしてください。

76 子どもを「さん」づけで呼ぼう

子どもとまじめに話したいときに、「○○さん」と話しかけてみましょう。いつも部屋が散らかっていて見かねてお説教したいとき、お客さまが来るときにどういうふうに挨拶するかを教えたいとき、学校から連絡があって子どもがお友だちにけがさせたことを知り、事情を聞きたいとき……。

「さん」づけで呼ばれた子どもは、親がきっちり自分と向き合おうとしていることを感じます。たとえ3歳の子どもであっても、「いまは、いいかげんに話すつもりも、あなたを甘やかすつもりもない。まじめに話したいのだ」と伝わります。ぴっと反応して、態度が変わるはずです。

子どもにとって、「大人がまじめになると、ぴっとしちゃう」という経験は、たいせつではないでしょうか。大人だけではない、「人がまじめに話そうとしているときは、こちらもまじめになる」のは基本的な作法です。

「なんで片づけられないのか、僕もわからないんだよ」などと子どもが情けない顔をして、思わず「くすっ」と笑いたくなっても、そういうときは親もぐっとお腹に力を入れて、まじめな顔をくずさないで。ひととおり話が終わったら、「じゃあ、話はおしまい。お腹すいたね、おやつにしようか」などと、ぱっと気分を切り替えてやるとかえって効果的です。

77 大人の都合で子どもの時間を寸断しない

子どもがなにかに熱中しているときは、そのまま熱中させておいてやりましょう。

宿題や片づけ、塾など、子どもの日常はやらなければならないことがたくさんあります。それらのあいだをぬって、子どもは好きなことに熱中します。折り紙、ぬり絵、読書、テレビ、ゲーム、迷路づくり、プラモデルづくり、虫取り、人形のお洋服づくり……。子どもは、わずかな時間にぐぐっと好きなことに集中する能力を持っています。

そういうときの集中は、子どもにとって深い体験なのではないでしょうか。世界は目の前の作業だけに凝縮し、濃密な時間を体験しているのです。そんな時間を寸断してもいいほど、重要なお片づけも食事もないように思います。

それなのに、最近は、テレビ番組ひとつとっても、10分おきにたくさんのCMが入って、子どもの集中の糸はぷつぷつと切られっぱなし。

子どもが熱中しているあいだは、部屋を片づけさせようと思い立っても、自分が入るついでにお風呂に入れたくても、ちょっと待ってやりましょう。せいぜい10分か15分。きりがつきそうだ、テレビ番組が終わりそうだ、というタイミングを見計らって、「おふろに入りなさい」と言えば、子どもはすぐに動くことができます。

78 子どもをほうっておこう

子どもがまきこまれる悲惨な犯罪があいついで起きていて、子どもを近所の公園で遊ばせるにも大人がついていないと心配なご時世です。また、子どもに細やかな配慮をし、それだけ手も暇もかける熱心な親御さんも増えています。

だからでしょうか、子どもたちが子どもだけの時間をすごし、子どもだけの場所で集う機会は減っているようです。公園では、親子単位で行動していて、親同士はコミュニケーションしていても、知らない子ども同士は口もきかないまま遊んでいます。小学校の登下校のときにも、お迎えの大人が来ているお子さんを見かけます。

子どもを危ない目にあわせてもよいとは思いませんが、さりとて常に大人が子どもを引率しているのがいいとも言えないのでは。じょうずに子どもをほうっておいてやる親になりませんか。なにも、遠くの遊び場で子どもだけで遊ばせろ、と言っているわけではありません。公園で遊ばせるなら、親は遠くから見守っていて手出ししない。家に友だちが遊びにきたなら、子どもも部屋にとじこもって遊んでいるのをほおっておく。けんかがはじまっても、なぐったり家から追い出したりといったおおごとにならないようなら、親は口出ししないで知らんぷりをしている。子ども同士の世界をじょうずに作れる子どもなら、大人になっても安心です。

79

子どもを待ってやろう

子どもがお皿を割ってしまったとき。「どうして落としちゃったの」とたずねると、子どもは考えて、「わかんない」とか「ちゃんと持ってた」とか言うでしょう。現場を見ていた親は「違うでしょ、はじっこを持ったからじゃないの」などとつい先まわりして言ってしまいがち。レストランでメニューを決めるとき。「何にする？」ときくと、子どもは延々と悩みつづけています。「決まった？」と聞いても「待って」などと生返事。親は待ちきれなくて、「早くしなさい、じゃあお子様ランチのAでいいね」などと決めてしまいます。

子どもが工作を作っているときに「ここ、どうするの？」ときかれて、「これじゃだめだよ、貸してごらん」と親が全部作ってしまうこともあるでしょう。

私は、小学校低学年のときにかかったお医者さんのことをよく覚えています。母親が症状を話しだそうとすると、先生は「渚ちゃんにきいているんですよ」と制したのでした。それで私はゆっくりと自分の身体のことを説明できました。そして説明できた自分に満足したのです。

時と場合によりますが、子どもを待ってやることも必要です。先に答えを言われてしまうと、自分で考えなくなる。親がやってしまうと、自分でしなくなる。早く早くと急かされると、中途半端でもすませてしまう。子どもには子どものペースがあるのです。

80 子どもの友だちの悪口を言わない

親の目から見て、「こんな子と遊ばないでほしい」と思ってしまうような子でも、子どもは好きで友だちになっているのです。親が「あんな不良みたいな子」とか「あの家のお父さんってリストラされて家にいるのよ」とか、友だちの悪口を言うと、子どもは自分自身が傷つけられたように思います。親が自分のきらいなものを子どもにもきらうように強制するのは、子どもにとって息苦しいだけ。子どもを親の思いどおりにしようとしても、反発されるだけです。

子どもにとって仲よしのおじいちゃん、おばあちゃんの悪口も同じです。夫婦が「お義母さんったら、また変なもの買わされて。ボケたんじゃないの」などと話しているのを聞かされる子どもの心は、傷つきます。でも姑への愚痴をがまんすると、今度は自分がつらくなる。だから、子どもが寝るまで待って、そのあと心ゆくまで夫と愚痴を言い合えばいい。

子どもの好物だけど、親の自分はきらいな物もあるでしょう。「そんなスナック菓子、添加物だらけでしょ」などとやめさせようとしても、子どもは隠れて食べるだけ。

私は、親は親の価値観を「私はこう思う」と子どもに伝えることで充分、意味があると思います。「私は、あの子のだらしないところが気になるの」「私は、スナック菓子は身体によくないと思う」。そこから先どう判断するかは、子どもが自分に問うてみるべきことなのです。

81 子どもの理由を尊重しよう

いくらつまらない理由でも、子どもなりの理由は認めてあげましょう。

「お友だちに見せてあげるの」ととんぼを虫かごに入れておきたがるとき、親は一晩おくと死んでしまうとわかっています。「死んでしまうよ」と説明しても、どうしても「見せたいの」と言うなら、子どものしたいようにさせてもいいのではないでしょうか。結局、死んでしまったとんぼを見て、子どもはなにかを学ぶにちがいありません。

練り消しゴムが流行っていて集めているなら、「そんなきたないもの、捨てなさい」と頭ごなしに叱らずに、子どもがあきるまでは遊ばせておけばいいでしょう。ただ、「床に置きっぱなしにしないんだよ」と扱い方を注意すればいい。

誕生日プレゼントに、すてきな知育玩具があって親はそっちを買ってやりたい。でも、子どもはつまらないキャラクターグッズをほしがる。そんなとき、「そんなキャラクター、赤ちゃんのものでしょう」とばかにしては、子どもは「好き」という素直な気持ちを否定されて、自分まで否定されたように感じます。

子どもがそうしたいなら、見守ってやりましょう。もちろん、却下すべき理由ならば、断固として「いけません」と伝えるのも、親の役目です。

82 自分を棚にあげてもいい

子どもを叱るときには、「親」という立場にたって、自分のことはちょっと棚にあげてもよし、としましょう。

反省してみれば、親の自分ができていないことはたくさんあります。「部屋を片づけなさい」と叱るのに自分の机のうえは散らかっていたり、「忘れ物ばかりじゃないか」と怒った翌日、自分が書類を家に忘れたり……そんなことはよくあることです。

でも、親は親として子に諭せばいい。だって、親なのだから。

おとうさんが子どもに「食事中にひじをつくな」と叱っているときに、おかあさんが「おとうさんだって、食事中におならをするのにねえ」などと子どもの機嫌をとるようなことは、ルール違反でしょう。また、子どもが「おとうさんだって」などと言い出したら、「口ごたえするんじゃありません」、あるいは「いまはあなたのことを話しているんです」と叱るべきです。子どもにすれば「勝手なものだ」と腹が立つでしょうが、そういう「人は勝手なもの」という現実も含めて親は子にいろいろなことを教えているのでしょう。

整合性のある、正しいことだけを教えれば、一人前の大人に育てられるわけではない。もしかしたら「不条理」という偉大なことは親から教わるのかもしれない、とさえ思います。

83 理屈で納得させようとしない

子どもを導くときに、「なぜならば」と理屈で説明するのはいいことなのでしょうか。一見、子どもの人格を認め、理性で対応しようとするよいしつけのように見えますが、私はかえって子どもを迷わせる原因になると捉えています。

理屈とは、けっきょくは理屈を唱える当人の好む考え方にすぎません。1＋1＝2のように、万人が共通して納得できる理屈はない。また、合理的な理由はなくても、やるべきこと、やってはいけないことは世の中にはたくさんあります。「合理性」の守備範囲はじつはとても狭いのではないでしょうか。だからこそ「親はこう考えていた」「親はこうしていた」など「親の価値観」という軸を与えるほうが、いずれ子どもが物事を自分で判断する助けになると思います。

私は、子どもが「どうして」ときいてくるとき、場合によっては「どうしてもよ」と切って捨てます。「泥だらけの服で歩くと部屋が汚れるから着替えてほしい」などと理屈が通っているかではなく、親が「着替えたほうがいい」と判断して、「着替えなさい」と言うのだから、すぐに着替えればいいのです。そもそも、子どもが「どうして」ときいてくるときは、ただやるのが面倒くさいだけで、理由などとっくにわかっていることが多いのです。

84

「よそはよそ、うちはうち」でいい

前項とやや似ているようですが、みんながみんな、同じ価値観で暮らしていなくてもいいのではないか、ということです。子どもが「だって、○○くんちでは、ごはんを食べるときにテレビを見てるよ」と言ったとき、「うちはごはんのときにはテレビ禁止なの」だけでいい、と思います。

「じゃあ、うちでも見てもいいかな」と迷うのは問題外としても、「○○くんちって、だめだね」などとよそのやり方を否定するのも、しなくてもいいことです。

「なんで、○○くんちではよくて、うちではだめなの」と子どもがきいてきたら、「テレビを見ながらごはんを食べると、味がわからないでしょう」と理屈で説明してもいいけれど、「おとうさんとおかあさんが、そう決めたからよ」と説明すれば充分なのではないでしょうか。

親の側が、「△△ちゃんは塾に通いはじめたんだって。うちもそろそろ行かせたほうがいいかしら」などと迷うこともあります。もちろん、よそがどうしているかを知れば、うちがどうするか判断する材料にはなる。だからあえて耳をふさぐ必要はないし、「情報収集」も大事なことです。そのうえで、子どもを塾に行かせるかどうかは、子ども自身をよく見て、親が自分たちで決めればいい。「うちもそろそろ……」ばかりでは、子どもも親もパンクしてしまいます。

85 外泊は大人になるまで許可を求めさせよう

小学校高学年にもなれば、早い子は親に内緒で友だちのところに泊まりに行ったり、夜、街をふらついたりします。内緒でなくても、「○○ちゃんの家に遊びに行ってくる」と出かけ、帰れない時間になって「泊まってもいい?」と電話してくることもあるでしょう。

「子どもが独立するまでは、無断で外泊はしない」を家族のルールにしませんか。親の家にいっしょに住んでいるあいだは、外泊したいなら事前に親に相談し、許可を得てから外出すべきです。だれの家に、なぜ、だれと泊まるのか。連絡先の電話番号は何番で、どの駅の近くなのか。最低限、その程度のことは親に知らせるようにしましょう。

子どもが知能犯になって、帰れない時間に電話をしてくるなら、親は断固として「じゃあ、私が車で迎えに行ってあげる」と連れて帰る覚悟でいたいもの。

子どもを信頼していないから許可を求めさせるのではなく、親として子どもに責任があるから許可を出すための手順を踏ませるのです。親の家にいっしょに暮らしている、とは、親に責任がある、ということなのだから。いうまでもなく、「外泊はすべてだめ」などと厳しすぎる態度では、子どもは黙って行動に移してしまいます。子どもの理由も尊重しつつ、押さえるべきところだけ押さえる。ほんとうに、親はたいへんですね。

86 門限を守らせよう

小学校になって、子ども一人で外に遊びに行くようになったら、子どもとのあいだで門限を決めましょう。10歳までは5時か6時。塾や習いごとがある日は、べつに約束を決めます。小学校高学年から中学生くらいになれば、クラブ活動や塾で毎日遅くなる子も街に遊びに行く子も出てきます。それぞれの家庭で、7時、8時などの門限を決めて約束しましょう。

この本の対象としている年齢ではありませんが、高校生、大学生、社会人でも「門限を守る」という家族のルールは同じです。子どもと話し合って、本人が「守れる」と言う時間を門限に設定します。決めた以上は約束だから、子どもは守らなければなりません。

子どもが門限に遅れたら、親としてどうすべきか。「約束の門限に遅れるのは、悪いことだ」とは、子どももわかっています。帰ってきた子どもをいきなりどなりつけたり、玄関の鍵をかけて締め出したりしては、逆効果。おだやかに、「約束の時間より、遅れたね」と指摘して、「ごめんなさい」と素直に謝るのを待つのが第一歩ではないでしょうか。

何度も約束を破るようなら、なぜ守れないのか、理由をただしてみましょう。門限の設定じたいに問題があるなら少し遅らせる。本人の自覚の問題なら、「約束が守れないのは、はずかしい」とだけ伝えるしかないように思います。

87

子どもの友だちも自分の子と同じように叱ろう

子どもは親が「平等」であるかどうかを、しっかり見ています。子どもの友だちが遊びにきたときに、障子を破ったとします。よその子であれば、にこにこして「いいのよ、わざとじゃないもんね」などと許してすませたくなります。でも、日頃、子どもに「障子は気をつけて使いなさい」と言い聞かせ、うっかり破ったときに「不注意だろう」と叱るのであれば、子どもは「なぜ私のときは叱るのに、○○ちゃんにはにこにこするのか」と怒りをもつでしょう。

親が、相手によって態度を変えたり、あてはめる基準を変えていると、子どもは親がふだん言うことを信用しなくなる。よその子であっても、自分の子と同じように叱るのはむずかしいけれど、努めてそうすべきです。

自分の子に信頼されるためだけではありません。その家の子に対するのと同じように接してくれる大人に対して、子どもは親しみをもちます。同じように叱ってやると、うつむいてむっつりしながらもどこかで喜んでいるのが見てとれます。

もし、自分の子がよその子の親に叱られて帰ってきても、失礼だと怒ったり、抗議をしたりするのはやめましょう。「よその人に叱られる」という貴重な体験をさせてもらったのだから。たとえ電車のなかで騒いでいて「うるさい！」と叱りつけられたとしても、です。

88 子どもを決めつけない

「あなたは変わっているから」「あなたは運動がだめだから」「あなたは身体が弱いから」など、子どもを親の視点で決めつけないようにしましょう。長い時間、子どもを見ている親だからこそ子どものことをよくわかって「あなたは○○だから」と言いたくなる。よりよく生きられるように、アドバイスしたくなる。ところが、その言葉は子どもをしばる鎖にもなる。子どもが自分自身を発見し、こっちに行きたいと自らを育てていける伸びやかさを損ねます。

よい資質についても、同じです。「あなたは頭がいいから」「あなたはしっかりしているから」「あなたは安心だから」という決めつけは、子どもの自信につながるよりはプレッシャーになってしまうのではないでしょうか。おそらく、「親の期待」のにおいをかぎとって、その期待に沿うように自分を「△△だから」という型にはめようとしてしまうのです。

私にとっては、「あなたは字が下手だから」という言葉がコンプレックスになっています。たしかに私の字は自分でも読めないことがあるくらい下手くそ。だから事実ではあるのですが、その言葉が常に頭にあって、人前で字を書くとき、いつも赤くなったり冷や汗をかいたりしてうろたえてしまうのです。たまに「いい字ですね」と言ってくれる人がいても、お世辞に聞こえてさらにうろたえるのだから重症です。親の言葉とは、子どもにとって大きなものですね。

89 子どもに向かって「きらい」と言わない

以前、街を歩いていて子どもを3人連れたお母さんを見かけたことがあります。雑踏のなか、大きな荷物と赤ちゃんを抱えてお母さんもたいへんだったのでしょうが、いちばん上のおねえちゃんに「なにぐずぐずしてるの、あんたなんかいなきゃいいのに」とどなるのです。思わず、うつむいて歩くその子を見て、胸が痛くなりました。

正直なところ、私にも愛する子どもを「いやだ」と思うことはあります。しつこくつきまとわれたとき、にくらしいひと言を発したとき、改めたい自分の癖と同じことをしている姿を見たとき……。疲れているときには忍耐力も落ちていて、とがった声を出してしまうこともある。

そんな自分の心と向きあって、個々の親の事情があることを考えたうえでも、子どもに「いやだ」「きらい」「いないほうがいい」などというひと言は、ぜったいにぶつけてはいけないのだ、と断言できます。親に否定された子どもは、どうやって自分を好きになればいいのでしょう。児童虐待からさえも子どもは立ち直れる、といいますが、立ち直ってもなお心の苦しさは残るでしょう。どんな親でも、子どもにそんな苦しさを背負わせる権利はないはずです。

子どもの癖などをたしなめたいなら、「友だちをいじめるあなたは、きらいよ」などと行為のほうを否定すればいいと思います。

90 子どもの〝ちょっとした秘密〟はそっとしておこう

子どもになにかたずねたとき、「うーん」と言いたくなさそうにしたり、「なんでそんなこと、聞くの」と聞き返してきたりしたとき、子どもは親に対して〝ちょっとした秘密〟をもっているのです。その〝秘密〟が重大なものではなさそうなら、そっとしておいてやりませんか。

幼児であっても、お友だちのなかで好きな子がいたりする。だれが好きなのか聞き出そうとしても、言わないことがあります。きれいな石をひろってきて、「どこにあったの」と聞いても、返事をしない。そういうときに、無理に聞き出さなくてもいいのでは。お友だちとひっかき傷だらけになって帰ってきて、なにやら楽しく冒険してきたらしい。「どこでなにをしていたの」と聞いても、「○○くんと遊んでた」としか言わない。言いたくない秘密なら、問い詰めては子どもの大事ななにかを壊すことになります。

親子、そして夫婦とは、通常の人間関係よりもずっと知らせあうべきことが多い関係ではあります。たとえば「外出するときは、どこにいて、いつごろ帰るかを知らせておく」など、家族のルールも必要です。でも、親子であっても、個人的な心の領域は、尊重したほうがいいのではないでしょうか。子どもも、その〝秘密〟がうしろめたいから親に隠したいのではない。宝石箱に宝石をしまうように、心のなかにたいせつにしまっておきたいだけなのです。

91 約束は守ろう

ごくささやかな「片づけをしたら、アイスを食べてもいいよ」などであっても、子どもとの約束をきちんと守れる親でいるように努力しましょう。子どもが片づけをしているあいだに、お風呂が沸いてしまったとします。でも、「片づけできたよ、アイス食べていい?」と子どもが言ったときに「お風呂のあとにしなさい」と前に言ったことと違うことは言わないで。

もう少し、大事なこともあります。子どもが、道に飛び出してあやういところで事故になりかけた。転んだくらいですみ、子どもは「自分が悪かった」とわかっている。そういうときに、おかあさんに「おとうさんには言わないで」などと頼むことがあります。おかあさんが「わかった。言わないから、これからは注意しなさい」と答えたのなら、子どもの前でその話題は出してはいけません。もし、子どもが寝たあとで夫に報告をするなら、「おとうさんには言わない、って約束したから」と伝え、子どもとの会話に出さないようにしてもらうべきです。

小さな約束でも、親が簡単に破ってしまっては、子どもは親の言うことを半分しか聞かなくなるでしょう。それだけではなく、人を信じてもだめなんだ、と思うようになってしまっては、たいへん。ごくごくささやかなこと——大人から見れば、どっちでもいいようなことであればあるほど、心して約束を守ってやることがたいせつであると思います。

92 子どものごきげんをとるのはやめよう

小学校の先生をしている友人が、「最近は、子どものごきげんをとっている親御さんが多くて、とてもやりにくい」と嘆いていました。親にすればごきげんをとっているつもりはないのでしょう。ただ、子どもがふきげんになると扱いがめんどう、子どもを泣かせるのはかわいそうと、強く出られず、結果的に子どものいいようにさせてしまうのではないでしょうか。

家やレストランでの食事中、出された食事や自分で頼んだメニューなのに、「いらない」「好きじゃない」などと子どもが言って、食べない。そんなとき、「ごめんね、ナスは好きじゃなかったのね。じゃあ、ソーセージを炒めてあげようか」となだめたり、「じゃあ、お母さんのハンバーグ、食べる?」と自分の皿を渡してお子様ランチを食べてやったりする。

それできちんと栄養を摂ることはできても、子どものためにいいことなのでしょうか。「出されたものは、文句を言わずに食べなさい」と叱るか、「食べたくないなら、部屋に戻りなさい」などと促すべきです。子どもが一時的にお腹をすかせても、病気になるわけはありません。

親は、巌のように厳しく子どもに立ちはだかることがあってもいい。具体的な内容の是非は、子どもがいずれ判断します。内容の問題ではなく、「自分のわがままで思うとおりにしたくても、大人には通用しない」という経験が大事なのだと思います。

93 ほめるときは本心でほめよう

「ほめて伸ばす」という考え方は、こんにちでは耳慣れたものになっています。学校の先生も、子どものいいところを見つけて熱心にほめてくれます。ほめられると、もっとがんばる力が湧いてくる。人はだれでも、ほめられるのがだいすきです。

しかしながら、ほめるにもコツがあるように思います。とりあえずほめたり、おおげさにほめたりしても、そこにある嘘を子どもは見抜きます。ほんとうに感心してもいないのに口だけでほめる大人を、子どもは信用しません。

子どもが描いた絵を、じょうずじゃないけれどいっしょけんめい描いたのだから、と「よく描けたね。これはなにかな」とほめたことがあります。でも、子どもは「あんまりうまく描けなかった」と納得がいかない顔をして、うれしそうではありませんでした。

ほめるときには、本心からほめましょう。じょうずな絵に心から感心したら「なんてじょうずなの」と言うだけで、子どももうれしそうにするものです。どんな小さなことでも――「はい」と元気に返事ができた程度のことでも、「いい返事」と思ったらほめてあげましょう。そして、ほめることがないときには、無理にほめなくてもいいのです。

ほめるときには感情豊かに、叱るときには感情を抑えて。これが親の心得でしょうか。

94 まず、大人同士が「ありがとう」「ごめんなさい」と言い合おう

子どもには「ありがとう」と言いなさい、悪いことをしたら「ごめんなさい」と謝りなさい、と言い聞かせても、大人同士が言っていなければ説得力はありません。子どもは親のやっていることを、よく見ています。

夫婦のあいだで、新聞を取ってもらったら「ありがとう」と言う。ちょっと気恥ずかしくもあります。でも、子どもと同じで、口に出すことで言い慣れてくる。条件反射で口から出てくるようになるものです。とくに「ごめんなさい」は言いにくい。「ついでに買ってきて」と頼まれていた雑誌を買い忘れた程度のことでも、「ごめんね」と素直に謝るよりも前に「自分で買いに行けばよかったのに」などと文句を言ってしまうこともあります。

知人の子どもが、両親の「ごめんなさい」という言葉を聞いて、「もっと心をこめて」と注文をつけたそうです。6歳の子どもに親がたしなめられる。子育てしていると、そういう経験はいくらでもあります。

「学ぶ」は「真似ぶ」からきた言葉だそうです。親は子に、言葉で伝える以上のことを見せて育てるものなのです。親自身も意識していないことを、子どもは見て学ぶ。まして、親が子に伝えたいことなら、まず親自身が実行するところを見せなければならないのだと思います。

95

子どもを通して伴侶への不満を言わない

とくに妻の側がよくすることかもしれませんが、子どもに向かって「ほんとうにおとうさんって、ケチねえ」などと伴侶の愚痴を言うことがあります。じつは、子どもに言うふりをして、そばで食事をしている夫に聞かせたくて言っているわけです。

子どもが「どこか旅行に連れてってよ」と言ったときに「私もどこかに行きたいわ。でも、おとうさんのボーナス少なかったし、無理よねえ」などと不満を言うこともあるでしょう。子どものお願いをダシに夫への不満を吐き出しては、話題を出した子どもは切ないでしょう。

子どもは、どんな親であっても大好き。幼いうちはおかあさんでなければだめな時期もあるけれど、そういう時期でさえ、もし「おとうさんとおかあさんと、どっちが好き?」ときいたら「どっちも好き」と答えるでしょう。ほんとうはおかあさんのほうが好きでも、「おかあさんが好き」と言ったら、おとうさんが悲しがる、と思いやるのです。ほんとうに、子どもは平和主義者です。板ばさみにしては、酷ではありませんか。

伴侶に対して言いたいことがあるなら、直接、「私は、あなたにこうしてほしいの」「君は、いつもこうだろう、直してくれるといいんだけど」などと伝える努力をしてください。

96 運動会ではビデオから手を離そう

運動会や学芸会、剣道の大会など、子どもの行事は親にとっても楽しみなイベントです。親はビデオやカメラで撮っておこうと準備します。行事が終わったあとにみんなで見るビデオは楽しいし、一生の思い出にもなる。たいていは子どもが出ているときは、ビデオを回しっぱなしにする親御さんが多いようです。それで、「まるで撮影会のようだ」という批判もあって、私立の学校などでは禁止していたり、時間や場所を決めてあったりする場合もあります。

私は、子どもの晴れ姿を記念に撮っておきたい、という親の気持ちをあっさり否定しても意味がないのでは、と思っています。やっぱりわが子はかわいい。いま、このひと時しかない姿をとどめておきたい。たとえ勝手であっても、そう願うのは親の情です。

ビデオやカメラで撮りたいなら、撮るのがいい。ただ、それだけになってはつまらない。

私の体験では、子どもがリレーでゴールする瞬間をカメラに収めようと撮っていたときと、カメラから手を離してじっくり眺めて応援していたときとでは、心に残る印象の強さが違いました。また、レンズで自分の子だけ追うと自分の子への思いは深まりますが、目で見、子どもたちの歓声を身体で感じ、大声で応援すると、そこにいる子どもたちみんなへの愛しさを感じられるようでした。せめて半分くらいは、機材から手を離す時間を作りませんか。

97 子どもの前でずるいことはしない

大人になると、世の中は杓子定規に考えるよりも柔軟に考えたほうが楽に生きていけることがわかります。それで、ちょっとくらいのずるや、罪のない嘘を使いこなしています。

でも、子どもの前では、そんな柔軟性を発揮しないで、ごく正直に行動したほうがいいのではないでしょうか。たとえば、歩行者用信号機が赤だけど、車がまったくいないとき。子どもが「信号が赤だよ」と言って立ち止まるなら、「いいんだよ、車なんていないんだから」ではなく「なかなか青にならないね」といっしょに待ちましょう。お店の人がおつりをまちがえたなら、「ラッキー、もらっちゃおうね」ではなく、「お店の人に返さなきゃね」と子どもといっしょに返しにいきましょう。体格が小さいからといって、小学生になっているのに「6歳です」と言わせて電車賃をごまかすようなことをさせては、いけません。

子どもには、正直なのがあたりまえ、ルールを守るのがあたりまえ、という基本的な認識を身につけてほしいからです。

少しものがわかるようになってきたら、「車もいないし、まわりをよく見てね！」と走って渡り、「どきどきしたね」などと笑いあう、なんていうのも楽しいことです。常に子どもの前で「立派な大人」を演じつづけるのも無理というものですから、じょうずに加減してください。

98 価値をお金に換算して子どもをしつけるのはやめよう

子どもが車のドアに傷をつけたとき、「あーあ、気をつけてよ。修理するのに3万円はかかるじゃないの」などと叱るのは、やめましょう。修理代がかかるから叱るのではなく、不注意でドアに傷をつけたことそのものがよくないから叱るのですから。「習いごとに行きたくない」などと言うときに、「もったいないじゃないの、月に1万円も払っているのよ」とたしなめるのは、さもしいことです。習いごとは「ちゃんと通う」と約束したからには、行くべきだから行くのです。

私たちは日常生活で、お金を物差しにしがちです。「今月は残業を20時間したからいくら入る」とか、レストランで「2000円もする料理だったのに残すなら頼まなきゃよかった」とか考えるもの。それで、子どもをしつけるときも、ついお金に換算してしまいます。

それだけお金の力が強い世の中に生きているからではありますが、お金を物差しにしないとものごとを判断できないのは、はずかしいこと。高い家具ならたいせつにして、安い家具なら乱暴に扱っていいわけではないし、高い牛肉ならちゃんと食べて安い豚肉なら捨ててもかまわないというわけでもありません。そんなことはわかっているのに、ついお金を物差しにしてしまう。気をつけたいですね。

99 たまには子どもと手をつなごう

人肌の感触は、どうしてうっとりするくらい心やすらぐのでしょうか。肌と肌とを触れ合わせ、温かみを感じることで、言葉にならないことも細やかに伝え合うことができます。いまさらこの本で言うまでもないことですが、親子は、子どもが思春期になるくらいまでは、たっぷりと肌と肌とを触れ合わせて暮らしたいもの。

私はスキンシップが大好きなので、子どもとぴったりくっついて子育てしてきました。抱っこしたりおんぶしたり、寝るときは手をつないで眠ったり。たっぷりスキンシップして育てた息子は、小学生になるとどんどん自立してしまって、めったにくっついてこなくなりましたが、たまに私のほうから追いかけまわして抱きしめたり、キスしたり、手をつないで買い物したりしています。「もういいよお」などと言いながら、けっこう喜んでいるようです。

人によってはスキンシップをどうとっていいか、わからないこともあるでしょう。おおげさなハグは苦手な人もいるはずです。私は、「手をつなぐ」だけでもじゅうぶんな触れ合いだと思っています。手と手を握って、大きく振りながら、散歩や買い物に出かけてみる。夕焼けをいっしょに見上げたり、「もうすぐテストだね」と話したり。向き合って抱きしめあう幼い時期をすぎたら、同じ方向を向いて同じ速さで歩く喜びを、子どもと味わってみませんか。

100 子どもに「あなたが大好き」と言葉で伝えよう

子どもを育てているときに、子どもを愛しく思う瞬間があったら、そのつど「あなたが大好き」と言葉に出して伝えましょう。

不思議ですね。あかちゃんに「なんてかわいいの」と話しかけると、うれしそうににっこりします。「女の子かな」といった言葉よりも、「まあかわいい」などといった言葉のほうが、好きなのです。言葉はまだわからなくても、言葉にこめられた気持ちは届くのでしょう。大きくなった子どもであればなおさら、言葉の意味とそこにこめられた気持ちの両方を理解します。「あなたが好き」というおとうさん、おかあさんの言葉は、シャワーのように浴びせられても多すぎることはないのでは。「あなたが好き」という言葉があって、人は「私は、私が好きだ」と自分を認められる。そして、心おだやかに、前を向いて生きる強さを持てるのでしょう。

黙っていても心は通じる、と考えるのは、私には少々なまけているように思えます。言葉があって、子どもははじめて安心できる。下にきょうだいができた子どもは「おかあさん、僕のこと好き?」とくりかえしたずねます。「大好きよ」と答えると安心して離れて遊びだします。

親にとっても、「あなたが大好き」と言葉にすることで、子どもへの愛情がさらに深まる作用がある気がします。

コラム　私の場合

うるさいおばさん　その3

「昔は近所にうるさいおじさんがいて、子どもたちを叱ってくれた」と言います。でも、私は不思議なのですが、昔はそんなに他人の子にも目を配っていたのでしょうか。今は、人間関係が希薄になっているのでしょうか。

私は、昔は要するに、多くの人が――大人も子どもも、「家にいた」からではないか、と思っています。いま、「家にいる」というと、家のなかに入って家族でテレビを見たり、食事をしたりしているところを想像するでしょう。

でも、昭和30年代くらいまでは、男の人も夕方には家にいて、外で涼んだり、ぶらっと煙草を買いに出かけたり、庭の手入れをしたりしていた。女の人も、いまよりもずっと家にいた。そして近所で用を足していた。商店街に買い物に出たり、道端で立ち話したり、家の前の道を掃いていたり。子どもも、家と学校の周囲で生活していた。

だから、いやでも子どもが悪さしていたら目に入り、叱っていた。家の前を通る子どもと顔なじみになって、挨拶くらいはしていた。単純に、そういうことなのではないでしょうか。

いつも思うのですが、都市近郊で暮らす人が増え、私たちはあまりにも「家にいない」生活をしすぎているのではないでしょうか。くりかえしますが、家に閉じこもって家族だけの空間で過ごすのではなく、家を暮らしの場として中心にして暮らす、ということです。

いまも、ちゃんと家を中心に生活している地域では、やはり一人や二人は「こわいおじさん」「うるさいおばさん」が近所にいるものだと思うのですが。

おわりに

子どものためのルールブックは、古くて新しいテーマです。いまさら私が書く本は、そんななかの一冊にすぎないかもしれません。

それでも私は、なによりも日本の、そしてこの現代に生きるお母さんと子どもたちに向けての本を書きたい、と願ってこの本を書きはじめました。

私には7歳の息子と0歳の娘がいます。いまの日本で子どもを持つのは、「自然の成りゆきに任せて」と楽観的でいられるようなことではなくなりつつあります。私も、子どもを持つかどうかで悩み、生まれる前も悩み、生んでからも悩みつづけています。子どもたちの寝顔を見るとき、愛しさと幸福に胸がいっぱいになりながら、この子たちを一人前にするまでに私たち夫婦に課せられたものの重さをずっしりと感じます。

子育てはどんな時代でも、親が自分自身と向きあう作業ではあったでしょうが、とくにこのところは、親としてどう振る舞えばいいかがわかりにくい時代になっています。子育てに正解などあるはずはないのに、自分がやっていることが正しいのかどうかが気になります。私の母親と同じことをすればいいのか、姉と同じことをすればいいのか。同じことをしてもしなくても、きっと同じように迷うのでしょう。

だから、私は、この本で、「これがあたりまえだったよね」「これからも、これをあたりまえのこととしていけばいいよね」と、同じ子育てをするお父さん、お母さんたちに確認したかった。迷うことにエネルギーを費やすよりも、少なくともこの本に書いたことくらいはできる子に育てることにエネルギーを注ぎたい。そう思っています。

お片づけの本につづいて、このような本を書くチャンスを与えてくれた岩崎書店の田辺三恵さん、どうもありがとうございました。私の思いと田辺さんの思いがちょうどいいときに重なって、この本が生まれました。

この本をお読みになって、みなさんが共感してくださったこと、違和感をお持ちになったことなどがあれば、教えていただけると幸いです。（mail：tatsumi@sahou.com）

二〇〇五年八月一八日

辰巳渚

辰巳渚●プロフィール

1965年生まれ。お茶の水女子大学文教育学部卒業。編集者を経て、フリーのマーケティングプランナーとして独立。『「捨てる！」技術』が100万部のベストセラーに。『辰巳渚の新・収納スタイル』『「暮らす！」技術』『日本人の新作法』など著書多数。男の子と女の子との日々の暮らしを楽しみながら、しつけもしっかり手を抜かないおかあさん。

オフィシャルサイト http://www009.upp.so-net.ne.jp/tatsumi/

ブックデザイン　渡辺真知子
カバー・本文イラスト　清田貴代

子どもを伸ばす毎日のルール

発行日　2005年10月20日　第1刷発行
　　　　2006年4月28日　第5刷発行

著者　辰巳　渚
発行者　岩崎弘明　編集　田辺三恵
発行所　株式会社　岩崎書店
東京都文京区水道1-9-2　〒112-0005
電話　03-3812-9131[営業] 03-3813-5526[編集]
振替　00170-5-96822
印刷所　三美印刷株式会社
製本所　株式会社若林製本工場

Published by IWASAKI Publishing Co.,Ltd.
Printed in Japan
ISBN4-265-80148-X　NDC 599
岩崎書店ホームページ http://www.iwasakishoten.co.jp
E-mail hiroba@iwasakishoten.co.jp